Georges Simenon

LES 13 ÉNIGMES

Notes et activités par
Lidia Parodi et **Marina Vallacco**

Professeurs certifiés de Langue et Littérature Française

© Copyright 1995 by the estate of Georges Simenon. Tous droits réservés
© 1995, Cideb Editrice, Genova, pour les notes et les activités

Rédaction : Marie-Claude Chastant

Première édition : avril 1995

10   9   8   7   6   5   4   3   2

Tous droits réservés. Toute représentation ou reproduction intégrale ou partielle de la présente publication ne peut se faire sans le consentement de l'éditeur.

ISBN 88-7754-226-8

Imprimé en Itálie

Introduction

L'auteur

Né à Liège en 1903, Georges Simenon devient très jeune, journaliste à la *Gazette de Liège* où il s'occupe des faits divers.

C'est à Paris, quelques années plus tard, que commence sa véritable et extraordinaire carrière d'écrivain.

Après un parcours préliminaire au cours duquel il découvre, élabore et affine ses qualités d'auteur, il s'impose dans le genre policier avec les enquêtes du commissaire Maigret.

Un réalisme fidèle, une image essentielle de l'homme, un style dépouillé caractérisent toute sa production littéraire.

Georges Simenon meurt à Lausanne en 1989.

L'œuvre

Les 13 énigmes est un recueil d'histoires policières capables à la fois de susciter l'intérêt et d'aiguiser l'esprit de déduction des lecteurs.

Dans une langue simple et directe, le mystérieux narrateur qui pourrait être Georges Simenon lui-même, raconte les enquêtes de l'énigmatique G. 7, son ami. Avec eux le lecteur pénètre dans des milieux variés, tous bien français, évoqués avec le cachet et le charme des films sépia.

Le symbole  indique les énigmes qui sont enregistrées et les exercices d'écoute.

1

« G. 7 »

Avant de parler des enquêtes auxquelles j'ai eu la chance d'assister en compagnie de celui que j'appelle — on verra plus loin pourquoi — l'inspecteur G. 7, il faut que je raconte la façon dont j'ai fait la connaissance de ce policier, et cet événement a constitué pour moi, durant de longues heures, une véritable énigme.

9 décembre 192...

J'étais par hasard à Montmartre vers deux heures du matin, et, dans un cabaret, j'avais lié conversation avec mon voisin de table, un étranger dont il me fut impossible de déterminer la nationalité, car tantôt je croyais reconnaître l'accent anglais et tantôt [1] l'accent slave qui pourtant se ressemblent aussi peu que possible [2].

Nous sortîmes ensemble, avec au-dessus de nous un beau ciel d'hiver, glacé et limpide.

Et nous eûmes le même désir de parcourir à pied quelques centaines de mètres. Nous descendîmes la rue Notre-Dame-de-Lorette. Mais le froid était plus vif qu'il m'avait semblé tout d'abord. Je ne tardai pas à guetter [3] les taxis qui passaient et dont aucun n'était libre.

Place Saint-Georges, une voiture rouge, de la série G. 7, s'arrêta à quelques mètres de nous et une jeune femme en sortit

---

1. **Tantôt [...] tantôt** : à un moment [...] à un autre moment.
2. **Aussi peu que possible** : le moins possible.
3. **Guetter** : observer en attendant avec impatience.

vivement, tout emmitouflée [1] de fourrures. Elle tendit un billet au chauffeur et s'en alla sans attendre la monnaie.

« Prenez-le, dis-je, en désignant le taxi à mon compagnon.

— Du tout [2] ! prenez-le, vous !

— J'habite à deux pas d'ici...

— Qu'importe ! Je vous en prie... »

Je cédai. Je lui tendis la main, bien que nous ne nous connussions que de fraîche date.

Il me présenta sa main gauche, car, de toute la soirée, sa main droite était restée enfouie dans la poche de son veston [3]. Et l'instant d'après, j'étais sur le point de le rappeler.

Car je tombais brusquement en plein drame, en plein mystère. Dans la voiture où je m'étais engouffré [4], je heurtais quelque chose. J'avançai la main et je m'apercevais que c'était un corps humain.

Le chauffeur avait déjà refermé la portière; l'auto était en marche.

Je n'eus pas la présence d'esprit de l'arrêter aussitôt. Quand cette idée me vint, il était trop tard. Nous suivions le faubourg [5] Montmartre. Mon compagnon de nuit devait avoir disparu ainsi que la jeune femme.

Je ne pourrais décrire toutes mes impressions.

La fièvre de l'aventure me mettait des rougeurs aux pommettes [6], mais en même temps ma gorge était serrée d'une façon pénible.

---

1. **Emmitouflé** : enveloppé (dans des vêtements chauds; ici, dans des fourrures).
2. **Du tout** : absolument pas.
3. **Sa main [...] veston** : il avait gardé sa main droite dans la poche de son veston.
4. **S'engouffrer** : entrer précipitamment.
5. **Faubourg** (m.) : quartier.
6. **Pommette** (f.) : partie arrondie de la joue, au-dessous de l'œil.

L'homme près de moi avait glissé de la banquette [1]. Il était inerte. Les lampes des cafés l'éclairaient maintenant et j'apercevais un visage jeune, des cheveux roux, un complet gris.

Il y avait du sang sur une main et, quand je touchai l'épaule de l'inconnu, ma propre main fut couverte de liquide rouge et chaud.

Ma lèvre tremblait. J'hésitais. Enfin, brusquement, je pris mon parti [2] :

« Chez moi ! »

Peut-être, si je n'avais vu une femme jeune et probablement belle sortir de ce même taxi, eussé-je [3] donné une autre adresse, celle d'un commissariat ou d'un hôpital.

Mais je sentais qu'il ne s'agissait pas d'une affaire banale. Je voulais qu'elle ne fût pas banale.

L'homme n'était pas mort. Je me demandais même s'il était évanoui [4] tant il respirait avec force et tant son pouls était sensible.

« Mon vieux ! tu fais peut-être une jolie gaffe ! Dieu sait quels ennuis tu es en train de te mettre sur le dos [5] !... »

Je pensais cela, mais je ne me résignais pas à abandonner mon affaire à la police et à n'être plus qu'un simple témoin.

« Bien entendu, c'est cette femme qui a tenté de l'assassiner !... »

On arrivait dans ma rue. Il y avait un café ouvert à cent mètres de l'immeuble.

« Voulez-vous aller me faire la monnaie de cent francs ? » dis-je au chauffeur, avec la peur atroce qu'il eût cette monnaie sur lui.

Il s'en alla. Je transportai le corps dans le couloir. Un quart

---

1. **Banquette** (f.) : banc rembourré d'une voiture.
2. **Prendre son parti** : décider, choisir.
3. **Eussé-je** : aurais-je (noter l'accent aigu sur le «e» pour une raison euphonique).
4. **Évanoui** : sans connaissance.
5. **Mettre quelque chose sur le dos de quelqu'un** : le rendre responsable, l'accuser de quelque chose.

d'heure plus tard l'inconnu était étendu sur mon propre lit et je contemplais une petite blessure [1] faite, selon toutes probabilités, à l'aide d'une sorte de stylet.

« Une arme de femme ?... Mais il ne revient pas à lui [2] et il a besoin de soins... »

La blessure était peu profonde. Je comprenais mal l'évanouissement prolongé de l'homme et je le mettais sur le compte de la perte de sang.

Mais en avait-il perdu tant que cela ? Ses vêtements en étaient à peine tachés.

« Tant pis ! Il faut un médecin... »

Je sortis. Je courus chez un ami qui habite non loin de chez moi et qui est étudiant de dernière année. Je le tirai du lit.

Un peu plus tard, j'ouvrais ma porte. Je disais :

« Sur le lit... À gauche... »

Et j'écarquillais [3] aussitôt les yeux.

Car mon blessé, mon prisonnier presque, — étant donné que j'avais fermé ma porte à clef en partant — avait disparu. Je fouillai [4] l'appartement. Celui-ci était dans un désordre indescriptible. Tous les tiroirs béaient [5]. Mes papiers, sur mon bureau, étaient bouleversés [6].

Une bouteille d'encre [7] était même renversée sur un paquet de lettres.

Mon ami avait aux lèvres un sourire crispant [8].

---

1. **Blessure** (f.) : lésion faite avec une arme à feu, un objet tranchant...
2. **Revenir à soi** : reprendre conscience.
3. **Écarquiller les yeux** : ouvrir démesurément les yeux.
4. **Fouiller** : explorer partout avec soin.
5. **Béer** : être grand ouvert.
6. **Bouleverser** : ici, mettre en grand désordre.
7. **Encre** (f.) : liquide, noir ou d'une autre couleur, utilisé pour écrire.
8. **Crispant** : agaçant, irritant.

« Tu avais beaucoup d'argent ici ? questionna-t-il [1].
— Que veux-tu dire ? »
J'étais furieux. J'étais vexé [2] ! Je me sentais intensément ridicule et j'y ajoutai le ridicule de défendre mon inconnu.
« Ce n'est pas un voleur. Il n'a rien emporté.
— En es-tu sûr ?
— Parfaitement sûr ! Tu ne vas quand même pas prétendre que je ne sache pas ce que j'ai chez moi ? Eh bien, tout y est...
— Hum !
— Quoi hum !
— Rien ! Je puis [3] aller me recoucher ? Auparavant [4], je voudrais seulement te demander un verre d'alcool. Il fait bougrement [5] froid dehors, pour un homme qui sort du lit... »
Je tournais dans la chambre comme un ours en cage [6].
Et, puisque je raconte cette histoire, je veux aller jusqu'au bout des aveux [7]. Mon ami à peine parti, je sortis à mon tour et je retournai place Saint-Georges.
Pourquoi ? Je n'en sais rien ! Ou plutôt avec le vain espoir d'y retrouver la trace de la jeune femme.
C'était idiot. Je l'avais vue s'en aller à pas pressés [8]. Elle n'avait pénétré dans aucune maison proche, mais elle s'était dirigée vers la rue Saint-Lazare.
Malgré tout, j'errai pendant près d'une heure dans le quartier, bouleversé [9] au point que je me surpris à parler tout seul à voix haute.

1. **Questionner** : demander.
2. **Vexé** : humilié, blessé.
3. **Je puis** : je peux.
4. **Auparavant** : avant.
5. **Bougrement** : (populaire) très.
6. **Cage** (f.) : espace clos où l'on garde enfermés des animaux.
7. **Aveu** (m.) : confession.
8. **À pas pressés** : rapidement.
9. **Bouleversé** : troublé.

Les 13 énigmes

Il était cinq heures du matin quand je me couchai dans le lit même où j'avais étendu mon blessé avec tant de soin.

À neuf heures, je fus réveillé par la concierge qui m'apportait le courrier.

Je me contentai de regarder les enveloppes, bien décidé à me rendormir. Mais j'aperçus une lettre qui ne portait aucun timbre.

Une formule officielle s'en échappa, une convocation m'enjoignant [1] de me présenter à dix heures rue des Saussaies dans les locaux de la Sûreté Générale.

Il y avait le numéro du bureau auquel je devais m'adresser.

Je changeai au moins dix fois d'avis, décidant tantôt de dire la vérité, tantôt d'inventer une fable, tantôt de changer seulement certains détails.

Bien entendu, je m'étais conduit [2] comme un enfant. Mais je ne voulais pas en convenir [3], même vis-à-vis de moi [4].

Les locaux mornes [5] de la police m'impressionnèrent désagréablement, et un quart d'heure d'attente dans un corridor acheva [6] de m'enlever mes moyens.

« Tant pis ! Après tout, je n'ai rien fait de mal ! »

Une porte finit par s'ouvrir. J'entrai dans un petit bureau qui recevait d'une fenêtre une lumière violente.

Dans cette lumière, un homme était debout, les deux mains dans les poches. Et je me souviendrai toujours de cette silhouette grande et large, bien découpée [7], mais sans excès, à laquelle un complet de confection enlevait seulement un peu de son prestige.

---

1. **Enjoindre** : ordonner, intimer.
2. **Se conduire** : se comporter.
3. **En convenir** : l'admettre.
4. **Vis-à-vis de moi** : avec moi-même.
5. **Morne** : sombre, triste.
6. **Achever** : terminer.
7. **Bien découplé** : bien bâti, de belle taille.

Un visage ouvert, piqueté de taches de son [1].
Des yeux clairs. Une bouche charnue [2].
Et un sourire joyeux, sans ironie.

« Je vous ai fait venir afin de vous présenter toutes mes excuses... »

Car c'était le blessé du taxi, l'homme qui s'était enfui de chez moi !

J'en restais stupide. Je le regardais des pieds à la tête. Je ne sais pourquoi je notais tous ces détails, depuis les souliers noirs à tige [3] jusqu'à la cravate de teinte unie et nouée sans coquetterie [4].

On sentait un garçon sûr de lui, en même temps qu'un homme assez préoccupé de choses sérieuses pour ne pas s'inquiéter de sa toilette.

« Je me présente. Inspecteur B... »

(Ici un nom connu, trop connu, que je ne puis écrire.)

Aucune trace de pansement [5]. À peine le bras gauche un peu plus raide [6] que le droit.

« Mais avancez donc... Prenez une chaise... Vous fumez ? »

Il me tendit un solide étui [7] de nickel.

« Vous avez passé, à cause de moi, une mauvaise nuit, et j'ai bien failli [8] vous laisser dormir jusqu'à midi. Mais j'avais vraiment

---

1. **Taches de son** (f.) : taches de rousseur (petites taches cutanées marron clair).
2. **Charnu** : bien fourni de chair.
3. **Tige** (f.) : partie d'une chaussure (ou d'une botte) au-dessus du pied et qui couvre la jambe.
4. **Coquetterie** (f.) : souci de plaire en attirant l'attention.
5. **Pansement** (m.) : ce qui sert à bander une blessure.
6. **Raide** : rigide.
7. **Étui** (m.) : enveloppe, en général rigide, adaptée aux objets qu'elle doit contenir.
8. **J'ai bien failli** : j'étais sur le point de.

hâte de m'excuser... »

Il y avait une partie de la pièce située près de la porte, que je n'avais pas encore vue. J'eus l'impression qu'il y avait là quelqu'un qui me regardait et à qui l'inspecteur souriait plus encore qu'à moi.

Je fis un mouvement pour me retourner. Et au même instant le policier prononça :

« Tu peux avancer, Yvette... Je te présente... »

Je n'entendis pas la suite ! Je n'avais guère [1] vu la jeune femme de la nuit, mais il m'était impossible de ne pas la reconnaître. Au surplus [2] elle portait les mêmes fourrures.

Elle souriait, elle aussi. J'étais gêné. Je ne savais où poser le regard.

« Ma sœur... », articula enfin l'inspecteur B... dont je devais devenir le compagnon presque inséparable et à qui je donnai par la suite, en souvenir de cette première rencontre, le sobriquet [3] de « G. 7 » qui lui est resté.

(à suivre...)

---

1. **Guère** : pas beaucoup.
2. **Au surplus** : d'ailleurs.
3. **Sobriquet** (m.) : surnom familier.

ACTIVITÉS

Avant de lire le dénouement, découvrons ensemble...

... quels sont les personnages de l'histoire?

Après avoir lu le texte, remplissez le tableau suivant avec les indications que vous avez recueillies sur les personnages cités:

Le narrateur
L'étranger que le narrateur rencontre dans le cabaret
L'inspecteur
La jeune femme

Complétez les phrases suivantes en cochant la bonne réponse:

1. Le narrateur habite
   a. ☐ dans le quartier de Montmartre
   b. ☐ près de Montmartre
   c. ☐ loin de Montmartre

2. Le narrateur prend le taxi
- a. ☐ avec l'étranger qu'il a connu dans le cabaret
- b. ☐ avec une jeune femme
- c. ☐ seul

3. L'homme que le narrateur trouve dans le taxi
- a. ☐ est gravement blessé
- b. ☐ est mort
- c. ☐ fait semblant d'être évanoui

4. L'inspecteur n'est autre que
- a. ☐ le frère de l'homme blessé dans le taxi
- b. ☐ l'homme blessé dans le taxi
- c. ☐ un ami du narrateur

5. La jeune femme que le narrateur a rencontrée la nuit
- a. ☐ n'a rien à voir avec l'histoire du blessé
- b. ☐ est un agent de police
- c. ☐ est la sœur de l'inspecteur

... quels sont les personnages soupçonnés?

Quel personnage le narrateur croit-il être responsable du crime? Pour quelles raisons? Cherchez dans le texte les phrases qui vous le font comprendre et écrivez-les ci-dessous:

....

....

... où se déroule l'action?

L'histoire se déroule à Paris. Soulignez dans le texte les rues et les places citées et repérez-les sur un plan de la ville.

... où a lieu le crime?

Relisez le texte et complétez les phrases suivantes:
- C'est dans un ……………… de la série G. 7 que le narrateur trouve ……………… . Quand il s'en aperçoit ……………… est en train de traverser ……………… .
Le narrateur dit alors au chauffeur d'aller ……………… .
Quand ils arrivent ……………… , il demande au chauffeur ……………… et, pendant ce temps, il transporte ……………… .

... quand a lieu le crime?

En quelle saison, cette histoire se déroule-t-elle?
À quel moment, à quelle heure?

Réfléchissons

- Pourquoi l'homme dans le taxi fait semblant d'être blessé et d'avoir perdu connaissance?
- Croyez-vous qu'il ait réussi à faire ce qu'il voulait? Motivez votre réponse.
- Pensez-vous que le monsieur que le narrateur a rencontré dans le cabaret ait quelque chose à voir avec cette histoire? Si oui, quel est son rôle?
- Quelle est la phrase de la deuxième page qui peut vous aider à vous orienter vers la personne suspecte? Soulignez-la.

« Voilà des années que le bonhomme avec qui, hier, vous avez bu du champagne, commet impunément des méfaits [1] de toutes sortes dans les capitales européennes...

« Rendez-vous compte de la difficulté d'arrêter un monsieur qui, d'un mouvement du petit doigt, peut se faire sauter en même temps que tout ce qui l'entoure !...

« Et imaginez que ce monsieur ne commet pas la folie de se promener en rase campagne [2]...

« Il y a un mois que je suis sur ses talons. Et hier, j'avais décidé de le prendre par ruse [3]... J'étais dans un taxi avec ma sœur, en face du cabaret... Ma blessure était prête, faite par moi-même, avec tout l'art possible, désinfection comprise... Vous voyez qu'il n'en reste à peu près rien.

« Place Saint-Georges, ma sœur est descendue et notre homme devait presque fatalement profiter de ce que la voiture était libre, du moins en apparence...

« Un homme blessé, sans connaissance, n'éveille [4] pas la méfiance [5]... Notre bandit eût bâti sur cette histoire le même roman que vous, et il ne m'eût pas fallu cinq minutes pour trouver l'occasion de lui arracher le détonateur qui se trouve dans la poche de son veston et qui lui permet de faire exploser la dynamite...

« Vous avez tout fait rater [6]. Un instant, je vous ai pris pour un complice. J'ai fouillé vos tiroirs... Vous m'excuserez ? »

Il vit que j'étais désarmé et il conclut :

« Si j'ai perdu un ennemi, j'espère que du moins j'ai gagné un camarade... peut-être un ami... »

---

1. **Méfait** (m.) : action mauvaise, nuisible aux autres.
2. **En rase campagne** : en terrain découvert.
3. **Ruse** (f.) : stratagème.
4. **Éveiller** : susciter.
5. **Méfiance** (f.) : doute, suspicion.
6. **Rater** : échouer.

Dénouement

Répondez aux questions suivantes en cochant la bonne réponse.

1. Qui l'inspecteur veut-il arrêter?
   - a. ☐ le narrateur
   - b. ☐ le monsieur du cabaret
   - c. ☐ un voleur

2. Pourquoi est-il particulièrement dangereux d'arrêter le coupable?
   - a. ☐ il boit trop d'alcool
   - b. ☐ il a commis beaucoup de méfaits en Europe
   - c. ☐ il peut faire exploser de la dynamite à tout moment

3. Pourquoi l'inspecteur décide-t-il de se cacher dans le taxi?
   - a. ☐ pour suivre le coupable
   - b. ☐ pour tuer le coupable
   - c. ☐ pour essayer d'arracher au coupable le détonateur lui permettant de faire exploser la dynamite

4. Pourquoi l'inspecteur a-t-il recours à sa sœur?
   - a. ☐ pour ne pas être seul
   - b. ☐ pour essayer de neutraliser le coupable et lui arracher le détonateur
   - c. ☐ pour donner au coupable l'impression que le taxi est libre puisque la jeune femme vient de descendre

2

LE NAUFRAGE DU *CATHERINE*

J'AVOUE [1] que jusqu'au bout, ou presque, mon impression fut que G. 7 n'avait rien à faire là et même que sa présence était quelque peu déplacée [2]. Ce qui prouve que, si peu impressionnables que nous nous croyions, nous sommes toujours prêts à nous laisser prendre au prestige des compétences.

Or, je n'ai jamais vu autant de compétences réunies que dans cette affaire qui, sous l'ancienne législation d'ailleurs, eût été du ressort exclusif des [3] autorités maritimes.

Depuis deux mois, Boulogne [4] était en effervescence et ils étaient une poignée [5] d'hommes, les rescapés [6] du *Catherine*, à ne plus pouvoir faire un pas dans la rue, pénétrer dans un estaminet [7], sans être assaillis de questions, lesquelles étaient souvent le point de départ de disputes, voire [8] de rixes.

Georges Fallut, le commandant du *Catherine*, avait-il, oui ou non, *naufragé* volontairement son chalutier [9] ?

Avait-il, oui ou non, tué son opérateur de T.S.F. [10] Germain

---

1. **Avouer** : admettre.
2. **Déplacé** : inopportun.
3. **Du ressort de** : de la compétence de.
4. **Boulogne-sur-Mer** : important port de pêche sur la Manche.
5. **Poignée** (f.) : petit nombre.
6. **Rescapé** (m.) : survivant.
7. **Estaminet** (m.) : petit café populaire dans le Nord de la France et en Belgique.
8. **Voire** : et même.
9. **Chalutier** (m.) : type de bateau de pêche.
10. **T.S.F.** : sigle de la télégraphie sans fils.

Le naufrage du *Catherine*

Dambois ?

L'avait-il tout au moins empêché de sortir de son poste, installé sur le pont, devant la cheminée ?

Avait-il reçu des ordres en conséquence de son armateur, Désiré Van Mecholen ?

L'affaire ressortissait à la fois du Civil et du Pénal, car la compagnie d'assurances refusait de payer.

Une foule d'experts étaient commis [1] et G. 7 ne pouvait que manquer de prestige parmi ces officiers de marine, ces capitaines au long cours ou au cabotage, architectes navals, armateurs, constructeurs de navires et ingénieurs mécaniciens.

Au surplus, en quittant Paris, il n'avait pas fait de difficultés pour m'avouer que toutes ses connaissances en matière de navigation se bornaient [2] à la périssoire [3] et au canoë.

J'en savais beaucoup plus que lui et, dans le train qui nous conduisait à Boulogne, alors que nous n'avions qu'une idée assez sommaire de l'affaire, je lui fis avec complaisance un petit cours sur les chalutiers à vapeur qui, à l'instar du [4] *Catherine*, s'en vont pêcher la morue [5] et le flétan [6] dans les parages de l'Islande.

Je lui dis que ces bateaux comportent le plus souvent de vingt-cinq à quarante hommes d'équipage, un capitaine — qui n'est presque jamais capitaine au long cours et qui ne possède que son brevet de cabotage —, un second, un maître d'équipage, un opérateur de T.S.F., un officier mécanicien et les quelques spécialistes indispensables.

Je lui expliquai aussi, ce qui était essentiel en l'occurrence, la façon de se diriger en pleine mer.

---

1. **Commis** : chargés de résoudre cette affaire.
2. **Se borner** : se limiter.
3. **Périssoire** (f.) : embarcation longue et étroite.
4. **À l'instar de** : à l'exemple de.
5. **Morue** (f.) : grand poisson comestible qui vit dans les mers froides.
6. **Flétan** (m.) : grand poisson plat des mers froides.

19

Les 13 énigmes

À bord des chalutiers, en effet, on fait rarement le point à l'aide du sextant [1], que bien des [2] patrons-pêcheurs [3] seraient incapables de manier [4] correctement.

On se sert surtout du compas [5] et de la sonde — celle-ci déterminant les fonds, qu'il suffit de reporter ensuite sur la carte.

Enfin, de jour en jour, ou bien en cas de nécessité, l'opérateur de T.S.F. demande sa position par sans-fil.

G. [7] m'écouta sans mot dire. Quand j'eus terminé, il me posa une seule question :

« À quel milieu appartiennent les opérateurs ?

— Ce sont pour la plupart des jeunes gens des villes. Rarement des marins. Ils s'entendent d'ailleurs assez mal avec ces derniers, surtout avec les officiers, car il y a des questions de préséance [6] mal définies qui sont des causes de frottements [7]... »

Nous restâmes trois jours à Boulogne où l'instruction était loin d'être terminée et où Georges Fallut était en liberté provisoire.

* * *

Il y avait deux mois que le chalutier s'était échoué [8] sur les rochers de l'île Fair, qui se dresse entre les Shetland et l'Écosse.

Quelques jours plus tard, l'équipage avait été rapatrié, hormis [9] l'opérateur, qui avait disparu lors du [10] naufrage.

1. **Sextant** (m.) : instrument qui permet de mesurer l'angle d'un astre au-dessus de l'horizon.
2. **Bien des** : beaucoup de.
3. **Patron-pêcheur** (m.) : celui qui commande un bateau de pêche.
4. **Manier** : gouverner, diriger.
5. **Compas** (m.) : boussole.
6. **Préséance** (f.) : droit de précéder quelqu'un.
7. **Frottement** (m.) : ici, difficulté.
8. **S'échouer** : se jeter sur la côte.
9. **Hormis** : excepté.
10. **Lors de** : au moment de.

Le naufrage du *Catherine*

Pendant près de deux semaines, on n'avait parlé de rien. Puis le bruit avait couru que la compagnie d'assurances faisait des difficultés.

D'autres bruits s'étaient mis à circuler dans les estaminets du port, et enfin l'accusation avait pris corps.

Accusation plus fréquente qu'on le croit, et souvent fondée, malheureusement.

On prétendait que le capitaine, d'accord en cela avec son armateur, avait échoué volontairement le bateau.

Celui-ci était vieux et tellement rongé [1] par la rouille [2] que l'équipage avait été difficile à constituer pour la campagne de pêche.

Cette campagne, au surplus, avait été désastreuse. Elle se soldait par [3] une perte sèche de plus de deux cent mille francs.

Rien que sur ces points, il y avait des pages et des pages de rapports d'experts, avec documents annexes, plans, devis [4], rôles d'équipage, etc., etc.

Un autre point qui était établi, c'est que le *Catherine* était assuré pour une somme qui rendait son naufrage singulièrement profitable à l'armateur.

Restait à prouver la matérialité du fait, et ici les experts étaient des capitaines, des télégraphistes et des patrons-pêcheurs.

Le *Catherine* s'était perdu par forte brume [5], alors qu'il avait le cap sur [6] la mer du Nord et qu'il devait par conséquent passer entre l'île Fair et les Orcades, ou bien entre l'île Fair et les

---

1. **Rongé** : attaqué.
2. **Rouille** (f.): produit de la corrosion du fer en milieu humide.
3. **Cette campagne [...] se soldait par une perte sèche de plus de 200 000 francs** : le résultat de cette campagne représentait un déficit de 200 000 francs.
4. **Devis** (m.) : état détaillé des travaux à exécuter avec l'estimation des prix.
5. **Brume** (f.) : brouillard de mer.
6. **Avoir le cap sur** : se diriger vers.

Shetland.

De part et d'autre le passage est relativement facile et les cartes accusent presque partout des fonds de cent mètres environ.

À toutes les questions, le capitaine Fallut répondait :

« La dernière fois que j'ai fait sonder, nous étions sur le *Papa Bank*, et dès lors j'ai fait la route au compas. Le cap était bon. Nous devions passer à dix degrés au sud de l'île Fair... Je n'ai pas coulé [1] volontairement mon bateau... Je n'y comprends rien ! »

De l'avis [2] de tous, ce système de défense ne tenait pas debout [3]. Car, si l'on demandait ensuite à Fallut si son compas avait été vérifié, il se contentait de déclarer que, jusque-là, il avait été d'une grande précision.

Mais l'interrogatoire des matelots [4] avait révélé un fait autrement troublant [5].

On sait qu'en cas de « sauve-qui-peut [6] », les deux hommes qui sont les derniers à rester à bord sont le capitaine et le télégraphiste.

Quand le *Catherine* s'était déchiré [7] sur une roche, à moins d'un demi-mille [8] de la pointe sud de l'île Fair, ordre avait été donné de mettre les embarcations à la mer.

Le chalutier coulait rapidement. L'ordre avait été exécuté. L'opérateur, dans sa cabine, devait être occupé à lancer les S.O.S. réglementaires.

---

1. **Couler** : faire sombrer (sombrer: s'enfoncer dans l'eau).
2. **Avis** (m.) : opinion.
3. **Tenir debout** : ici, être solide.
4. **Matelot** (m.) : homme d'équipage d'un navire, marin.
5. **Troublant** : déconcertant.
6. **Sauve-qui-peut** (m.) : fuite générale où chacun essaie de sauver sa vie.
7. **Se déchirer** : se fendre.
8. **Mille** (m.) : ancienne mesure de longueur (un mille marin correspond à 1852 mètres).

Le naufrage du *Catherine*

Quant au capitaine, il était debout à quelques mètres de cette cabine. Il surveillait la manœuvre.

Le péril [1] grandissait de minute en minute, et même de seconde en seconde.

Bientôt les hommes de la dernière chaloupe, celle qui attendait le capitaine et l'opérateur, s'étonnèrent de ne pas voir arriver ceux-ci.

Ils craignaient [2] le plongeon [3] final dans lequel ils risquaient de périr, eux aussi.

Enfin, le capitaine descendit seul dans l'embarcation, les traits tirés, et commanda :

« Larguez [4]... »

Il y eut de l'ahurissement [5]. Mais Fallut répéta son commandement. Le danger était de plus en plus grand. On obéit.

Quand on fut à quelques mètres, on put voir le pont du *Catherine*, et tous les hommes affirmèrent par la suite qu'il n'y avait pas trace de l'opérateur. La cabine de celui-ci était fermée !

Et le chalutier sombrait quelques instants plus tard.

« Avez-vous reçu l'ordre de couler le *Catherine* ? Avez-vous exécuté cet ordre ? Avez-vous tenté d'empêcher le télégraphiste de vous dénoncer, d'affirmer par la suite qu'il vous avait signalé, par exemple, que vous faisiez fausse route [6] ?

— Je n'ai pas reçu d'ordre ! Je n'en ai pas exécuté ! Je n'ai pas coulé mon bateau !

— Pourtant le télégraphiste...

— Je ne sais rien ! »

On produisait des certificats, tout à l'honneur de Fallut, qui avait vingt-cinq ans de service et qui avait la réputation d'un

---

1. **Péril** (m.) : danger.
2. **Craindre** : avoir peur de.
3. **Plongeon** (m.) : action de s'enfoncer dans l'eau.
4. **Larguer** : lâcher, détacher.
5. **Ahurissement** (m.) : fait d'être très surpris et déconcerté.
6. **Faire fausse route** : ne pas suivre le bon chemin.

homme intègre.

Désiré Van Mecholen, interrogé, répondait de même :

« Je ne sais rien, sinon que mon bateau est perdu et que la compagnie d'assurances refuse de payer ce qu'elle me doit. Je n'ai pas donné d'ordre à Fallut... Je suis ruiné ! »

Enfin, le second, un Breton d'une trentaine d'années, Kerguelec, ne savait rien non plus ! Personne ne savait quoi que ce fût, dans cette affaire !

Le second n'avait même pas assisté au débarquement du capitaine, car il commandait la première chaloupe, qui s'était éloignée dès sa mise à flot [1].

Et il n'était pas de quart [2] lors de l'échouage [3].

« Le compas était bon ! » se contenta-t-il d'affirmer.

Ce n'était rien, mais c'était grave. Car enfin, si le compas était bon, si on avait reconnu la position sur le *Papa Bank* et s'il n'y avait qu'un vent moyen, comment diable avait-on pu se tromper de route au point de donner en plein sur l'île Fair ?

Imagine-t-on les discussions, parmi tous les marins du port ? L'armateur avait mauvaise presse [4] bien avant cette affaire. C'était un petit armateur, qui n'avait jamais eu qu'un bateau à la fois.

Et toujours il s'agissait de vieux sabots [5], auxquels il ne tardait pas à arriver malheur.

Quant au télégraphiste, on le connaissait à peine. Il avait vingt-deux ans. Il était de Rouen. Il n'en était qu'à sa seconde campagne et les pêcheurs ne l'aimaient guère, car il vivait enfermé dans sa cabine qui était pleine de romans.

---

1. **Dès sa mise à flot** : à partir du moment où elle avait été mise en mer.
2. **De quart** : de service (quart: période de quatre heures pendant laquelle une partie de l'équipage est de service).
3. **Échouage** (m.) : le fait d'être jeté sur la côte.
4. **Avoir mauvaise presse** : avoir mauvaise réputation.
5. **Sabot** (m.) : vieux bateau.

Le naufrage du *Catherine*

Je me souviens de quelques questions de G. 7 :

« Les patrons-pêcheurs, comme Fallut, restent-ils parfois longtemps sans engagement [1] ?

— Cela arrive. Il y a toujours des bateaux en cale sèche [2] qui ratent [3] la campagne.

— Quand il est parti, depuis combien de temps était-il à terre ?

— Trois mois. Le quatre-mâts [4] qu'il commandait auparavant était en démolition. »

Pour traduire exactement mon impression, je suis obligé de me servir d'un mot étrange. L'intervention du policier dans cette affaire me semblait presque indécente.

Il faut avoir vu le port en effervescence ! Et il faut entendre les gens de la mer parler d'un événement de ce genre.

Les choses de l'Océan ont quelque chose de grave, de solennel, d'un peu à part, qui les grandit aux yeux des terriens [5].

Au surplus, imagine-t-on l'émotion soulevée par le geste d'un mécanicien écrasant [6] volontairement son train contre un mur ?

J'ai dit en commençant que nous sommes restés trois jours à Boulogne. Au bout de [7] ce laps de temps, j'étais éreinté [8] par toutes mes allées et venues. J'avais la tête douloureuse à force d'avoir écouté des propos contradictoires.

Mais j'allais oublier une dernière question, posée par G. 7 à

---

1. **Sans engagement** : sans contrat, sans travail.
2. **Cale sèche** (f.) : où on peut mettre le navire à sec pour le réparer.
3. **Rater** : manquer.
4. **Quatre-mâts** (m.) : navire à quatre mâts (mât: long poteau dressé dans un navire).
5. **Terriens** (m.) : habitants de la terre; ici, ce mot désigne les gens qui vivent toute l'année à terre, loin de la mer, par opposition aux gens qui vivent de celle-ci.
6. **Écraser** : ici, lancer.
7. **Au bout de** : après.
8. **Éreinté** : très fatigué.

l'armateur :

« Communiquiez-vous journellement par T.S.F. avec le bateau ?

— Pas journellement ! Mais chaque fois que c'était nécessaire.

— Fallut était-il capable de manœuvrer l'appareil ?

— Non ! Au surplus, un opérateur est maître dans sa cabine. Nul n'a le droit d'y entrer sans sa permission. »

C'est tout. Je crois n'avoir rien omis. Le soir du troisième jour, G. 7 me déclara avec calme :

« Nous n'avons plus rien à faire ici... Pour le reste, qu'*ils se débrouillent !* »

Je questionnai :

« Ils au pluriel ou il au singulier ? »

« Au pluriel et au singulier ! » grogna-t-il [1] avec mauvaise humeur.

(à suivre...)

---

1. **Grogner** : manifester son mécontentement par de sourdes protestations.

ACTIVITÉS

Avant de lire le dénouement, découvrons ensemble...

... quels sont les personnages de l'histoire?

Outre le narrateur et l'inspecteur, il y a dans cette affaire trois personnages principaux . Après avoir lu l'histoire, reportez dans ce tableau les indications que vous avez recueillies:

Le commandant du *Catherine*, Georges Fallut
L'opérateur de T.S.F. Germain Dambois
L'armateur Désiré Van Mecholen

Complétez les phrases suivantes:

- Georges Fallut était en service depuis .... et jouissait d'une .... Van Mecholen, au contraire, ... Ce n'était pas un .... armateur. Il avait toujours eu seulement .... et en plus il s'agissait de ....

  Le télégraphiste était originaire de .... et il n'avait que .... C'était sa seconde .... et il n'était pas très .... des pêcheurs parce que ....

ACTIVITÉS

... quels sont les personnages soupçonnés?

Le commandant et l'armateur sont tous les deux soupçonnés d'avoir provoqué le naufrage du *Catherine*. Quelles sont les responsabilités qui leur sont attribuées?
- Le commandant..
- L'armateur ....

... où se déroule l'action?

- Où a lieu l'enquête? De quel genre de ville s'agit-il?
- Quelle est l'atmosphère qui domine? Cette affaire suscite-t-elle beaucoup d'intérêt?

... où a lieu le naufrage?

- Où le chalutier s'est-il échoué?
- Quelle était sa direction?
- Comment sont les fonds dans la zone du naufrage?

... quand a lieu le naufrage?

Par rapport à l'enquête, depuis combien de temps le *Catherine* a-t-il fait naufrage?

... comment a lieu le naufrage?

Lisez le texte et complétez les phrases suivantes en cochant la bonne réponse:

1. Au moment du naufrage
   a. ☐ le vent était très fort
   b. ☐ il y avait une forte brume
   c. ☐ le *Catherine* était en train de traverser un passage très difficile

2. Quand le *Catherine* s'est échoué
   a. ☐ l'équipage a refusé d'exécuter l'ordre de mettre les embarcations à la mer
   b. ☐ le capitaine s'est précipité dans la cabine de l'opérateur
   c. ☐ l'ordre de mettre les embarcations à la mer a tout de suite été exécuté

3. Les hommes de la dernière chaloupe
   a. ☐ ont été surpris de ne pas voir arriver le télégraphiste, mais ils ont tout de même obéi à l'ordre du commandant
   b. ☐ n'ont pas attendu l'arrivée du commandant et du télégraphiste parce qu'ils avaient peur de mourir
   c. ☐ ont aperçu le télégraphiste dans sa cabine au moment où le chalutier sombrait

4. Le second
   a. ☐ était de service au moment du naufrage
   b. ☐ a assisté au débarquement du capitaine puisqu'il commandait la dernière chaloupe
   c. ☐ n'a pas assisté au débarquement du capitaine puisqu'il commandait la première chaloupe

Réfléchissons

- Sur la base des indications que vous avez recueillies, qui, selon vous, est le responsable de l'échouage?
- Pensez-vous que le commandant et l'armateur aient agi d'un commun accord?
- De quelle façon le télégraphiste est-il mort? Est-ce un accident ou bien a-t-il été tué?
- Que signifie, selon vous, la réponse de l'inspecteur: «Au pluriel et au singulier!»?

« Il n'y a qu'une chose certaine, n'est-ce pas ?
— Laquelle ?
— C'est que Fallut a tué son télégraphiste ! D'une façon ou d'une autre ! D'une balle, d'un coup de couteau ou plus probablement en l'enfermant dans sa cabine... Les témoignages sont formels... Au surplus, il n'y a pas d'autre explication possible à l'absence de Germain Dambois lors du sauvetage... Fallut ne nie même pas !... Il n'avoue pas, non plus, mais il ne nie pas...

« Or, en agissant de la sorte, il se préparait les pires [1] ennuis imaginables. Il courait en quelque sorte vers le châtiment [2], et vers un châtiment exemplaire.

« C'était bel et bien *une folie !* Et un homme calme, un marin, un être de sang-froid comme Fallut ne commet une folie que dans un moment de rage, ou d'imagination.

« Comprenez-vous, maintenant ? Il prend le commandement du *Catherine*. L'armateur lui parle à mi-mots du naufrage désirable. Il y a trois mois que le capitaine est à terre et il a besoin de gagner sa vie.

« Il part quand même. Il sait que *rien ne pourra le forcer à couler son bateau.*

« Au retour, il est pris dans la brume. Dès cet instant, il est à la merci de son opérateur de T.S.F. qui lui donne la position.

« Fallut ne se méfie [3] pas. La catastrophe se produit. Il comprend. On a fait de lui un naufrageur malgré lui. Et il ne peut rien dire, car, au départ, *il a en quelque sorte accepté l'ordre de l'armateur !*

« On l'a déshonoré ! On l'a trompé ! Et c'est lui, lui seul qui est responsable ! Vous connaissez bien les lois maritimes !

« N'est-ce pas suffisant pour expliquer la rage dont je parlais tout à l'heure ?

---

1. **Pire** : le plus mauvais; ici, les ennuis les plus grands.
2. **Châtiment** (m.) : punition.
3. **Se méfier** : se tenir en garde.

Le naufrage du *Catherine*

« Et cela n'explique-t-il pas aussi son mutisme actuel ?
— Vous avez donné votre opinion au juge ? » questionnai-je.
Il haussa les épaules [1]. Et il laissa tomber :
« Laissons les gens de mer se débrouiller entre eux ! »
Je ne sais pas s'il prévoyait l'épilogue que nous apprîmes un mois plus tard. Mais je ne suis pas loin de le croire. En plein tribunal, Georges Fallut tua Van Mecholen d'une balle en plein front et se suicida ensuite.

---

1. **Hausser les épaules** : lever les épaules en signe d'indifférence.

Dénouement

Répondez aux questions suivantes en cochant la bonne réponse:

1. Est-ce que l'armateur est responsable de l'échouage?
   - a. ☐ non, il n'y est pour rien
   - b. ☐ oui, il en porte toute la responsabilité
   - c. ☐ au début il avait l'intention de faire échouer le *Catherine*, mais ensuite il a changé d'avis
2. Qu'est-ce qu'il a proposé au commandant?
   - a. ☐ de tuer le télégraphiste
   - b. ☐ de s'embarquer sur un autre chalutier
   - c. ☐ d'échouer le *Catherine*
3. Quelle a été la réaction du commandant?
   - a. ☐ il était du même avis que le commandant
   - b. ☐ il a eu une réaction violente
   - c. ☐ il n'a rien dit mais il savait déjà qu'il n'allait pas échouer volontairement son bateau
4. Pourquoi est-il parti quand même?
   - a. ☐ parce qu'il avait besoin de travailler
   - b. ☐ parce qu'il aimait son travail
   - c. ☐ parce qu'il s'ennuyait à terre
5. Quel a été le rôle du télégraphiste?
   - a. ☐ il s'est trompé de direction à cause de la brume
   - b. ☐ il a essayé d'éviter le naufrage
   - c. ☐ il a profité de la brume pour faire faire fausse route au chalutier
6. Pourquoi le commandant a-t-il tué le télégraphiste?
   - a. ☐ parce qu'il s'est aperçu avoir été trompé
   - b. ☐ parce qu'il le détestait

    c. ☐ parce que l'armateur lui avait donné l'ordre de le tuer
7. Qu'est-ce qui s'est passé pendant le procès?
    a. ☐ le commandant a tué l'armateur et s'est échappé
    b. ☐ l'armateur a tué le commandant
    c. ☐ le commandant a tué l'armateur et s'est suicidé

3

L'ESPRIT DÉMÉNAGEUR [1]

CE FUT une nuit parfaitement stupide, et j'avoue que pendant les dernières heures de la veille, les plus pénibles, celles qui précèdent le lever du jour, j'en voulus à G. 7 de m'avoir fait parcourir près de trois cents kilomètres pour attendre à ses côtés, dans l'obscurité d'une chambre close, l'esprit déménageur.

Nous étions arrivés la veille au soir dans ce petit village du Nivernais [2]. Le maître de maison, Edgar Martineau, nous avait fait chercher à la gare en voiture. Il nous attendait sur le perron [3] de sa maison, que les gens du pays appellent le château.

Une vieille maison à deux ailes, de style vaguement Louis quatorzième, dont les murs et le toit ne sont plus rigoureusement d'équerre [4].

Elle a néanmoins [5] assez d'allure [6], et une tourelle excuse le terme pompeux de château, en même temps que le parc qui, lui, est de toute beauté.

Des paysans étaient groupés sur la route pour nous regarder passer, et cela ne m'étonnerait pas d'apprendre que certaines bonnes âmes s'attendaient à nous voir tomber sous les coups de

---

1. **Déménageur** (m.) : celui qui s'occupe de faire des déménagements c'est-à-dire qui transporte des objets, des meubles d'un logement à un autre.
2. **Nivernais** : ancienne province de France correspondant à l'actuel département de la Nièvre et à une petite partie des départements de l'Yonne et du Cher.
3. **Perron** (m.) : escalier extérieur qui se termine par une plate-forme.
4. **D'équerre** : à angle droit.
5. **Néanmoins** : cependant.
6. **Allure** (f.) : manière d'être qui impressionne favorablement.

L'esprit déménageur

l'esprit déménageur.

Car on savait que G. 7 arrivait de Paris tout exprès pour mettre la main sur l'esprit qui, depuis un an, faisait le fond de toutes les conversations du pays.

Lorsqu'il s'était manifesté pour la première fois, le château était la propriété d'une vieille rentière [1] Mme Dupuis-Morel, veuve d'un officier de cavalerie, qui avait poussé de hauts cris en trouvant un matin le plus lourd de ses bahuts [2] au beau milieu de la pièce dont il occupait la veille [3] un angle.

Mme Dupuis-Morel ne détestait pas faire tourner les tables. On commença par se moquer d'elle.

Mais le bahut prit l'habitude, aussitôt [4] remis dans son coin, de changer de place, tant et si bien qu'il fallut convenir qu'il y avait là quelque chose d'anormal.

Ce bahut était immense, d'un poids considérable. C'était un de ces meubles antiques comme on n'en fait plus, pour la bonne raison qu'ils n'entreraient pas dans les appartements modernes.

Mme Dupuis-Morel n'employait qu'une servante aussi vieille qu'elle et un jardinier de soixante-douze ans. Il n'y avait personne d'autre au château.

Or, tout le village défila peu à peu et put se convaincre que le bahut se refusait à garder la place qui lui était assignée.

Martineau fut le seul à se moquer de ces racontars [5]. Il se brouilla [6] par ce fait avec sa vieille amie Dupuis-Morel. Mais celle-ci lui pardonna quand, après avoir cherché en vain à vendre le château hanté [7], elle vit Martineau se présenter comme

1. **Rentier** (m.) / **rentière** (f.) : personne qui vit de ses rentes, qui ne doit pas travailler.
2. **Bahut (m.)** : buffet rustique large et bas.
3. **Veille (f.)** : le jour précédent.
4. **Aussitôt** : immédiatement.
5. **Racontar** (m.) : propos sans fondement, bavardage.
6. **Se brouiller** : cesser d'être ami avec quelqu'un.
7. **Hanté** : fréquenté par des spectres, des fantômes.

acquéreur [1].

Bien entendu, il eut le domaine [2] pour un prix dérisoire : à peine la moitié de sa valeur.

Il annonça, à tous ceux qui voulaient l'entendre, que l'esprit déménageur ne se risquerait pas à opérer tant qu'il vivrait au château.

Mais quelques jours plus tard, on le voyait changer d'attitude. Il se montrait inquiet. On chuchota [3] que l'esprit déménageait toujours le bahut et que Martineau ne tarderait pas à mettre le domaine en vente à son tour.

Tels étaient les faits. De loin, cela paraît idiot. Mais quand on est dans le pays, quand on ne voit que visages anxieux, brouillés par le sentiment du mystère, quand on entend les gens ne parler qu'à voix basse, on comprend que le maire ait demandé l'aide d'un inspecteur de Paris pour mettre fin à pareil état de choses.

L'inspecteur, c'était G. 7, qui eut la gentillesse de m'emmener, gentillesse dont je ne lui sus aucun gré [4] après quelques heures de veille dans la chambre au bahut.

Car c'est dans cette pièce même, qui sert de lingerie, que nous passions la nuit, installés dans des fauteuils, une bouteille de *blanc fumé* et des sandwiches au jambon à portée de la main.

Le bahut était à sa place, contre le mur de gauche, et de temps en temps nous scrutions l'obscurité pour nous assurer qu'il n'avait pas bougé.

Nous étions dans la tradition jusqu'au bout : nous n'avions pas fait de lumière, nous ne parlions pas et même nous évitions de fumer, par crainte [5] d'effrayer l'esprit déménageur.

C'est G. 7 qui avait voulu qu'il en fût ainsi, ce qui m'avait

---

1. **Acquéreur** (m.) : acheteur.
2. **Domaine** (m.) : propriété.
3. **Chuchoter** : dire à voix basse.
4. **Savoir gré à quelqu'un de quelque chose** : lui en être reconnaissant.
5. **Par crainte** : de peur.

L'esprit déménageur

quelque peu étonné de sa part.

À vrai dire, depuis que nous étions dans la maison, il avait l'air de couper dans cette histoire [1] de fantôme. En tout cas, il n'en avait pas ri, pas même souri.

C'était d'autant plus bizarre que le propriétaire lui-même, avec sa bonne tête de Gaulois, n'avait rien d'un adepte du spiritisme, ni d'un froussard [2].

Et pourtant, lui aussi avait fini par se laisser impressionner. Dans la soirée, il nous avait expliqué le manège [3] de l'esprit.

La place du bahut était contre le mur. Il avait quatre pieds qui étaient posés, comme on le fait souvent dans les maisons bourgeoises, sur des supports de verre épais.

Sur l'invitation de G. 7, je tentai de soulever le meuble ou seulement de le faire bougerde quelques centimètres, mais ce fut peine perdue. C'est tout juste si je parvenais à soulever un pied à la fois, et seulement de cinq à six millimètres.

Ce n'était pas un bahut : c'était un monument. Et il était d'autant plus lourd que Martineau y avait enfermé quantité de vieux bouquins [4], comme l'histoire de la Révolution française et l'œuvre complète de Michelet.

« Vous verrez qu'au matin vous le retrouverez au milieu de la chambre ! À cette place, tenez !... Demain, nous le remettrons où il est. Pour cela, il faudra trois hommes... Et douze heures plus tard il aura déménagé à nouveau... »

J'étais incrédule. G. 7, lui, était sérieux comme un augure [5]. Et il accepta avec empressement [6] de passer la nuit dans la pièce, comme Martineau le proposait.

---

1. **Couper dans cette histoire** : prendre sérieusement.
2. **Froussard** : (populaire) qui a peur.
3. **Manège** (m.) : jeu, manœuvre.
4. **Bouquin** (m.) : livre.
5. **Augure** (m.) : dans l'ancienne Rome, devin qui tirait présage du chant et du vol des oiseaux. Personne qui prétend prédire l'avenir.
6. **Empressement** (m.) : sollicitude.

Je ne sais pas s'il s'endormit. Moi, je m'assoupis plus d'une fois, et la dernière fois que j'ouvris les yeux, l'aube commençait à éclairer la chambre où le vieux bahut était toujours à sa place.

Je regardai l'inspecteur avec ironie.

« Il n'a pas bougé ! dis-je.

— Il n'a pas bougé, en effet. Cela vous dit-il quelque chose d'aller fumer une cigarette dehors ? »

J'acceptai avec empressement de le suivre. Mais, dans le jardin, je fus désagréablement surpris par l'humidité froide du matin. Moins de cinq minutes plus tard, je proposai de rentrer.

Cinq minutes ! Quand nous rentrâmes dans la chambre, le bahut était au beau milieu de celle-ci, tandis que les quatre supports de verre étaient restés à leurs places respectives.

* * *

Jusqu'alors, j'avais établi une certaine corrélation entre la passion de G. 7 pour le jeu d'échecs [1] et ses aptitudes policières. Mais je commence à croire que je me suis trompé.

En effet, je suis beaucoup plus fort que lui devant les cases blanches et noires.

Et je suis pour ma part un assez piètre [2] policier. Plein de bonne volonté, pourtant ! C'est ainsi que, tandis qu'il finissait sa bouteille de vin blanc, je notai une foule de détails.

Par exemple, que le plafond était traversé de trente en trente centimètres par des poutres [3] de chêne [4] apparentes, dans le style anglais.

---

1. **Jeu d'échecs** : jeu qui se joue sur une tablette divisée en cases claires et foncées entre deux adversaires disposant chacun de 16 pièces blanches et noires.
2. **Piètre** : médiocre.
3. **Poutre** (f.) : grosse pièce de bois destinée à la construction.
4. **Chêne** (m.) : grand arbre forestier qui vit très longtemps.

L'esprit déménageur

Au milieu de deux de ces poutres, il y avait de forts crochets [1] qui avaient dû supporter des suspensions.

Je notai encore qu'un des angles de la chambre était plus aigu que les autres, mais tous les angles de la maison, en somme, étaient plutôt irréguliers.

Enfin le plancher était magnifique, ciré avec soin. Je cherchai des rayures [2], mais en vain. Une fois de plus je tentai de remuer [3] le bahut. J'y mis une certaine rage. Quelques instants plus tard, j'étais en nage [4], et c'est tout juste si le meuble avait bougé de quelques millimètres.

Une idée me passa par la tête. J'ouvris le bahut. Je m'attendais à le trouver vide de ses livres ou à voir ceux-ci empilés à la hâte [5].

Car le soi-disant [6] esprit n'avait eu que cinq minutes pour le transporter. Il n'avait pas eu le temps de retirer les bouquins et de les ranger ensuite avec soin. G. [7] souriait. Cela m'énerva :

« Savez-vous seulement quelles sont actuellement les personnes qui couchent dans la maison ? questionnai-je sur un ton agressif.

— Peu importe ! répondit-il.

— Comment, peu importe ? Vous n'allez pas prétendre que c'est un esprit déménageur qui...

— Vous vous considérez comme un homme de force moyenne, je suppose ? Et même un homme de force assez supérieure... Vous faites du sport...

— N'empêche qu'il peut exister un colosse qui...

— Cela se saurait ! Surtout si le colosse en question avait déjà

---

1. **Crochet** (m.) : instrument recourbé pour suspendre quelque chose.
2. **Rayure** (f.) : trace allongée.
3. **Remuer** : faire changer de place.
4. **Être en nage** : être tout mouillé de sueur.
5. **À la hâte** : avec précipitation et sans soin.
6. **Soi-disant** : prétendu.

vécu ici du temps de Mme Dupuis-Morel... Car n'oubliez pas que l'esprit se manifestait dès cette époque... C'est même là le point le plus important... Laissez-moi vous poser une question à mon tour... Si vous deviez pénétrer dans cette pièce par escalade [1], comment feriez-vous ? »

Je rougis. Je dus avouer que je n'avais pas examiné les lieux sous ce rapport. J'allai vers la fenêtre.

« C'est facile ! remarquai-je. Un enfant le ferait ! Nous sommes au premier étage, mais il y a un poirier en espalier [2] qui semble pousser là tout exprès... C'est une véritable échelle [3]... Seulement, selon vos propres paroles, cela ne nous avance pas...

— Vous croyez ?

— Mais, sacrebleu [4], vous venez de dire vous-même qu'un homme n'est pas capable de remuer ce bahut !... À moins de penser qu'ils viennent à deux ou trois. »

Je m'interrompis. Je triomphais.

« D'ailleurs, vous oubliez qu'il y a un instant nous étions dehors, et justement de ce côté de la maison... »

Il souriait toujours. J'avais déjà dû m'habituer aux manières de Joseph Leborgne, qui était un autre phénomène, dans son genre. Mais G. 7 était plus déroutant encore.

En l'occurrence, j'étais prêt à me fâcher, d'autant plus que je n'avais pas dormi, ni déjeuné. Mais Martineau entra, en robe de chambre [5], les cheveux encore en désordre.

Il s'arrêta net à la vue du bahut.

« Alors... vous l'avez vu ?... balbutia-t-il.

— Comme vous dites ! répliqua tranquillement G. 7.

---

1. **Par escalade** : par la fenêtre.
2. **Un poirier en espalier** : l'arbre a poussé contre le mur.
3. **Échelle** (f.) : dispositif composé de deux montants réunis par des traverses permettant de monter ou de descendre.
4. **Sacrebleu** : juron familier.
5. **Robe de chambre** (f.) : vêtement d'intérieur à manches, long et ample.

L'esprit déménageur

— Et... et vous ne l'avez pas arrêté ?... Vous n'avez pas... pas tiré... dessus ?

— Même pas ! »

Le bonhomme tournait et retournait autour de son meuble, le palpait, puis regardait mon compagnon avec une visible angoisse.

« Même en votre présence !... articula-t-il. Ce n'est pas un de mes domestiques, au moins ?

— Je ne pense pas. Comment sont faits vos domestiques ?

— Il y a d'abord la cuisinière, Eugénie, une grosse commère de quarante ans...

— Passons...

— Puis il y a son gamin [1], qui a quinze ans et qui soigne les chevaux...

— Passons...

— Enfin le valet, un grand garçon un peu simple...

— Ensuite ?

— C'est tout, fit piteusement [2] Martineau.

— Dans ce cas, allez achever votre toilette. Car je parie [3] que vous êtes venu ici avant même de vous laver...

— Mais l'esprit ?... Qu'en pensez-vous ?

— Qui couche dans cette bicoque [4], au fond du parc ?...

— Quelle bicoque ? »

G. 7 attira Martineau vers la fenêtre.

(à suivre...)

---

1. **Gamin** (m.) : ici, fils.
2. **Piteusement** : d'une façon inspirant une pitié mêlée de mépris.
3. **Parier** : ici, être sûr de quelque chose.
4. **Bicoque** (f.) : petite maison peu solide et inconfortable.

ACTIVITÉS

Avant de lire le dénouement, découvrons ensemble...

... quels sont les personnages de l'histoire?

À mesure que vous lisez le texte, reportez dans le tableau les indications recueillies sur les personnages cités:

Mme Dupuis-Morel, l'ancienne propriétaire du château
La servante de Mme Dupuis-Morel
Le jardinier de Mme Dupuis-Morel
Edgar Martineau, l'actuel propriétaire du château
La cuisinière de M. Martineau
Le fils de la cuisinière
Le valet de M. Martineau

ACTIVITÉS

Dites si les affirmations suivantes sont vraies ou fausses. Pour chaque affirmation fausse rétablissez la vérité:

	V	F
• Tout le monde estimait Madame Dupuis Morel.	☐	☐

....

• Sa servante était très âgée. ☐ ☐

....

• Son jardinier était un jeune homme de trente-deux ans. ☐ ☐

....

• Edgar Martineau n'attribuait aucune importance à l'histoire du bahut et il acheta le château à un prix très intéressant. ☐ ☐

....

• La cuisinière d'Edgar Martineau a deux fils qui habitent tous les deux au château. ☐ ☐

....

• Le valet de Martineau est un homme d'un certain âge. ☐ ☐

....

... quels sont les personnages soupçonnés?

- L'inspecteur soupçonne-t-il quelqu'un?
- Celui-ci croit-il à l'existence d'une personne de force supérieure? Pourquoi? Quelles sont les phrases où cela est évident? Soulignez-les.

... où se passe l'action?

- Dans quelle région de la France se déroule l'histoire?
- De quel type d'habitation s'agit-il?
- Pourquoi l'appelle-t-on château?

ACTIVITÉS

... où a eu lieu le mystère?

Lisez le texte et complétez les phrases suivantes:
- La chambre du bahut est une pièce .... Le bahut, qui se trouve .... a quatre .... posés sur des .... À l'intérieur, il y a ...., ce qui rend le meuble encore plus .... Le plafond de la chambre est traversé par .... au milieu desquelles .... Le plancher est .... et il ne présente pas .... Un des quatre angles de la chambre est................ .

... quand a lieu le mystère?

- Pendant que le narrateur et l'inspecteur se trouvent dans le château, quand le bahut change-t-il de place?
- À quel moment de la journée? En combien de temps?

Réfléchissons

- Qui, selon vous, déplace le bahut?
- Comment imaginez-vous le coupable? Faites la description de son aspect physique.
- Croyez-vous qu'il ait des complices? Pourquoi?
- Essayez d'imaginer comment il est possible de déplacer un meuble aussi lourd.
- Croyez-vous que le déplacement du bahut puisse avoir lieu dans n'importe quelle chambre du château?
- Pourquoi l'inspecteur attire-t-il l'attention de Martineau vers la bicoque au fond du parc?

L'esprit déménageur

Je n'avais pas entendu parler de la bicoque en question. Martineau semblait aussi surpris que moi.

Mais je compris bientôt que G. 7 avait voulu seulement s'emparer [1] de la main de notre hôte sans lui donner l'éveil [2].

Il se mit à renifler [3] les doigts du propriétaire, qui était devenu pâle.

« De la cire, hein, dit-il. Je sentais [4] cela ! Pas de l'encaustique [5] ! De la cire ! Rien de tel, sauf pourtant le savon noir, pour faire glisser un objet en bois sur une surface de même matière. Sans compter que cela évite les rayures et que les traces, sur un plancher déjà ciré, s'effacent d'un seul coup de chiffon... »

L'autre était écrasé par cette conclusion foudroyante [6] de l'enquête.

« Il a bien fallu que je continue ! finit-il par murmurer piteusement.

— Bien entendu ! Sinon on vous aurait accusé, du moment que c'était à vous que le manège de l'esprit déménageur avait profité. »

Martineau fit un signe affirmatif. Puis il gémit :

« La première fois, ce n'était pas moi...

— Je m'en suis douté tout de suite [7]. Et je m'en suis assuré en versant une goutte de vin sur le plancher, près du bahut. Le vin a aussitôt coulé vers le centre de la chambre où il s'est arrêté. Autrement dit, il y a une pente [8], très faible, mais suffisante pour

---

1. **S'emparer** : prendre, se saisir d'une chose.
2. **Sans lui donner l'éveil** : sans qu'il s'en aperçoive.
3. **Renifler** : aspirer par le nez.
4. **Sentir** : percevoir par le moyen des sens ou par l'intuition.
5. **Encaustique** (f.) : produit à base de cire et d'essence utilisé pour faire briller les parquets et les meubles.
6. **Foudroyant** : soudain et rapide comme la foudre.
7. **Se douter de quelque chose** : avoir l'intuition de, pressentir.
8. **Pente** (f.) : inclinaison.

permettre, surtout avec l'aide d'un corps gras, de déplacer le bahut sans trop d'effort.. Il suffisait de lui enduire [1] de temps en temps les pattes de cire, de décaler [2] les supports de verre les uns après les autres, de pousser à peine...

— Est-ce que vous croyez que j'irai en prison ? En somme, je n'ai pas volé. Et un autre eût pu acheter la maison au même prix... »

G. 7 ne parut pas entendre. Il poursuivit son idée. D'ailleurs, que lui importaient à lui les conséquences judiciaires de ses découvertes ? Il n'était pas un justicier. On lui donnait une énigme à résoudre, un point, c'est tout !

« Voyez-vous, c'est vous-même qui m'avez donné la solution. Comme quoi il est dangereux de trop parler. Vous m'avez dit que le bahut s'arrêtait *toujours* à la même place... »

Il me regarda avec une ironie affectueuse pour conclure :

« Et dès lors un enfant eût trouvé ! »

1. **Enduire** : recouvrir d'une matière plus ou moins liquide.
2. **Décaler** : faire subir un léger déplacement.

Dénouement

Répondez aux questions suivantes en cochant la bonne réponse:

1. Pourquoi l'inspecteur attire-t-il Martineau vers la fenêtre?
   a. ☐ pour lui montrer la bicoque
   b. ☐ pour le faire parler
   c. ☐ pour s'emparer de sa main sans qu'il s'en aperçoive

2. Qu'est-ce que l'inspecteur découvre sur les doigts de Martineau?
   a. ☐ du savon noir
   b. ☐ de la cire
   c. ☐ de l'encaustique

3. Pourquoi Martineau déplace-t-il le bahut?
   a. ☐ pour montrer sa force
   b. ☐ pour s'amuser
   c. ☐ pour montrer que l'esprit déménageur continue à hanter le château, même après qu'il en est devenu le propriétaire

4. Comment Martineau pouvait-il déplacer le bahut?
   a. ☐ il était très fort
   b. ☐ le plancher de la chambre était en pente et en plus il passait de la cire sur les pieds du meuble
   c. ☐ le plancher était toujours parfaitement ciré

4

L'HOMME TATOUÉ

J'AVAIS beau me dire [1] que nous n'étions là que pour la recherche de la vérité, pour la défense de la justice et dans l'intérêt même des acteurs du drame, j'étais mal à l'aise [2], au début, collé contre G. 7, retenant comme lui mon souffle et plongeant le regard à travers le judas [3].

Un judas qui méritait particulièrement son nom. De la cellule, on ne pouvait rien soupçonner [4], rien voir qu'un miroir qui avait l'air du plus banal des miroirs.

En réalité, c'était une glace sans tain [5], derrière laquelle se trouvait, non le mur, mais un cabinet noir.

Nous nous trouvions dans celui-ci. Nous étions invisibles, alors que de l'autre côté de la glace les gens nous apparaissaient en pleine lumière.

L'*Homme* était assis, selon son habitude, au bord de sa couchette [6]. Il avait le menton sur les mains et, comme d'habitude aussi, quelque chose d'inquiétant, d'indéfinissable dans l'expression du visage, quelque chose qui suffisait pour que les avis à son sujet fussent si partagés.

« Un fou ! disaient les aliénistes [7].

— Un simulateur ! affirmaient des savants non moins célèbres.

---

1. **J'avais beau me dire** : quoique je me dise, même si je me disais.
2. **Être mal à l'aise** : être gêné.
3. **Judas** (m.) : petite ouverture dans une porte pour voir sans être vu.
4. **Soupçonner** : ici, deviner, imaginer.
5. **Tain** (m.) : amalgame d'étain dont on revêt l'intérieur d'une glace afin qu'elle réfléchisse la lumière.
6. **Couchette** (f.) : lit étroit.
7. **Aliéniste** (m.) : médecin spécialiste de l'aliénation mentale.

L'homme tatoué

— Un dégénéré !
— Un vulgaire rôdeur [1] de barrières...
— Un gentilhomme qui défend son nom... »
N'allait-on pas jusqu'à dire :
« Un sourd-muet, ni plus ni moins ! »
Il ne bougeait pas. Il ne regardait pas celle que nous venions, G. 7 et moi, d'introduire dans sa cellule.

Elle était restée debout près de la porte. Elle ne se doutait pas de notre présence.

Nous pouvions voir ses narines [2] frémir, ses doigts s'agiter sur le fermoir [3] de son sac à main.

Allait-elle parler, s'avancer vers l'*Homme*, esquisser [4] peut-être un geste révélateur ?

Cet homme, hallucinant à force d'être énigmatique, était-il son mari ? N'était-il qu'un filou [5] original ?

Quelques minutes plus tôt, dans le parloir [6] de cette maison de santé un peu spéciale qui se dresse au milieu du bois de Vincennes et où l'on soigne plus particulièrement les *énervés* de marque, elle nous disait d'une voix morne [7] :

« Je ne sais pas ! Je ne sais plus rien ! Parfois il me semble que c'est lui ! Puis, à d'autres moments, je jurerais le contraire.

— Votre mari portait-il un tatouage à l'avant-bras droit ?
— Je... non !... ou plutôt... je ne l'ai jamais remarqué !...
— Avait-il un caractère étrange ?

---

1. **Rôdeur** (m.) : individu qui va et vient avec des intentions suspectes.
2. **Narine** (f.) : chacun des deux orifices du nez.
3. **Fermoir** (m.) : attache servant à tenir fermé un sac ou un bijou.
4. **Esquisser** : commencer à faire.
5. **Filou** (m.) : personne malhonnête, voleur rusé.
6. **Parloir** (m.) : salle pour recevoir les visiteurs (dans une prison, un collège...).
7. **Morne** : triste.

— Il était nerveux, c'est certain... Il changeait souvent d'humeur... Parfois il était en proie à des tristesses inexplicables...
— Vous n'avez jamais remarqué son absence, la nuit ?
— Jamais...
— Et pourtant votre chambre est voisine de la sienne...
— Je n'ai pas le sommeil très léger... »

Maintenant elle était en tête-à-tête avec lui. Elle n'osait pas lever les yeux. Elle fixait le sol avec obstination.

Elle s'était vêtue toute de noir, pour la circonstance. Elle était pâle, d'une distinction remarquable. Elle n'avait pas trente ans.

Le silence, l'immobilité que gardaient les deux personnages m'étaient insupportables.

« Il faudra bien qu'ils disent, qu'ils fassent quelque chose !... » pensai-je.

Et ils ne bougeaient pas ! Ils ne se regardaient pas ! Chacun devait pourtant percevoir [1] distinctement la respiration de l'autre !

La cellule était blanche et claire. Ce n'était pas tout à fait une cellule de prison. Pas tout à fait non plus le cabanon. [2]

On avait hésité à interner momentanément l'*Homme* dans cet établissement de première classe, car, en somme, rien ne prouvait qu'il ne fût pas un simple voyou [3].

Mais s'il était le comte de Saint-Bonnet !

On était parvenu à cacher l'affaire au public. Les journaux n'en avaient pas dit un mot. Nous étions seulement une trentaine — parmi lesquels j'étais le seul amateur — à nous pencher [4] sur ce mystère.

Une nuit, une ronde de police passant avenue Hoche avait surpris un homme occupé à grimper [5] le long d'une

---

1. **Percevoir** : connaître quelque chose par les sens.
2. **Cabanon** (m.) : cellule où l'on enferme les fous dangereux.
3. **Voyou** (m.) : délinquant.
4. **Se pencher sur** : examiner avec intérêt.
5. **Grimper** : monter en s'aidant des pieds et des mains.

L'homme tatoué

gouttière [1]. L'homme avait été appréhendé [2], conduit au commissariat.

Il n'avait pas prononcé une syllabe en réponse aux questions posées.

Il était vêtu d'une façon vulgaire. Un costume usagé. De mauvaises chaussures. Une casquette [3]. Sous sa veste, un tricot de cycliste.

Le lendemain matin, le commissaire de police du quartier avait cru de son devoir d'avertir les propriétaires de l'hôtel [4] que le rôdeur avait tenté de cambrioler [5].

Or, on avait trouvé dans cet hôtel la comtesse de Saint-Bonnet, très surexcitée par la disparition de son mari. Il s'était couché comme d'habitude vers onzes heures du soir. Sa femme n'avait entendu aucun bruit.

Elle avait trente ans; son mari vingt-huit. Ils n'étaient mariés que depuis quatre ans, et c'était une union parfaite, les époux appartenant au même monde, jouissant d'une fortune à peu près égale et d'une excellente santé.

C'est par le plus grand des hasards que le commissaire pensa à amener le vagabond avenue Hoche dans l'espoir de le faire parler. Et alors avait eu lieu l'extraordinaire découverte.

L'*Homme*, qui se taisait toujours, ressemblait à tel point à Saint-Bonnet que la comtesse, tantôt affirmait que c'était lui, tantôt doutait [6], niait, revenait sur ses déclarations, en proie au désarroi [7] qu'on imagine.

---

1. **Gouttière** (f.) : conduit servant à recueillir les eaux de pluie le long d'une toiture; ici, il s'agit probablement du tuyau de descente.
2. **Appréhender** : arrêter.
3. **Casquette** (f.) : béret à visière.
4. **Hôtel** (m.): (hôtel particulier) habitation bourgeoise à plusieurs étages où demeure une seule famille, dans les quartiers riches.
5. **Cambrioler** : voler en s'introduisant dans un lieu fermé.
6. **Douter** : mettre en question.
7. **Désarroi** (m.) : confusion, désordre.

Même attitude de la part du valet de chambre du comte, le seul domestique mis au courant de la situation.

Même attitude enfin de la part d'Yves de Saint-Bonnet, le frère aîné du disparu.

« C'est lui... Et ce n'est pas lui !... »

Le détail le plus troublant consistait dans le tatouage que l'*Homme* portait à l'avant-bras droit et qui représentait un cœur percé [1] d'une flèche [2], surmonté de deux haches [3] en croix.

« Je n'avais jamais remarqué que monsieur le comte eût une pareille image sur le bras... dit le valet de chambre.

— Vous l'avez pourtant aidé souvent à se déshabiller...

— Oui...

— Et vous avez vu son bras nu...

— Je ne sais pas... Je n'ai pas fait attention... »

Que faire de celui qu'on appelait faute d'une autre désignation possible, l'*Homme*, ou bien l'*Homme tatoué ?*

Du Dépôt [4], on avait pensé le transférer à Fresnes [5]. Mais si c'était le comte de Saint-Bonnet, cela ne constituerait-il pas une gaffe de dimension ?

On avait fini par l'enfermer provisoirement dans cette « Maison de repos » de Vincennes.

On l'avait examiné sur toutes les coutures [6]. Les aliénistes les plus célèbres s'étaient occupés de son cas.

Ils n'étaient pas d'accord.

Et l'homme ne parlait toujours pas ! Pas un mot de réponse aux questions qui lui étaient posées.

---

1. **Percer** : traverser de part en part.
2. **Flèche** (f.) : trait qu'on lance avec un arc.
3. **Hache** (f.) : instrument pour couper composé d'une lame et d'un manche.
4. **Dépôt** (m.) : prison pour les prisonniers de passage.
5. **Fresnes** : célèbre prison.
6. **Sur toutes les coutures** : attentivement, soigneusement.

L'homme tatoué

On avait tout essayé. Des interprètes lui avaient traduit en une douzaine de langues les questions des enquêteurs. Un professeur de l'école des sourds-muets avait même été mandé [1].

— Rien ! Pas plus de succès qu'avec l'intimidation, qui fut pratiquée discrètement. Un passage à tabac [2] modéré... Puis la douche écossaise [3] : deux jours sans nourriture, suivis d'un repas magnifique, retiré au bon moment. Puis encore la faim. Puis un ignoble saucisson à l'ail.

L'homme ne protestait pas, mangeait si on lui donnait à manger, jeûnait [4] dans le cas contraire.

On lui dressa une table [5] comme pour un grand dîner et on l'observa. Il se servit sans hésitation et correctement de la pince à escargots, du rince-doigts [6].

Mais, le lendemain, à l'aide d'un gros canif [7], il tranchait d'un geste aussi familier son quignon [8] de pain et sa saucisse.

Il était très grand, mince, pâle, avec une quiétude déroutante dans les prunelles [9].

Les uns qualifiaient cette quiétude d'assurance, les autres de comédie, d'autres enfin de bêtise.

Entre-temps, on avait fait des recherches aux fins de retrouver le vrai Saint-Bonnet s'il en existait un faux. Ces recherches furent vaines, comme les fouilles pratiquées dans l'hôtel et en particulier dans la chambre du gentilhomme.

---

1. **Mander** : (vieilli) convoquer, appeler.
2. **Passage à tabac** : violences sur une personne qui ne peut se défendre.
3. **Douche écossaise** : douche alternativement chaude et froide.
4. **Jeûner** : être privé de nourriture.
5. **Dresser la table** : mettre le couvert de façon luxueuse.
6. **Rince-doigts** (m.) : petit récipient rempli d'eau tiède servant à se laver les doigts pendant un repas ou à la fin.
7. **Canif** (m.) : petit couteau de poche à lame pliable.
8. **Quignon** (m.) : gros morceau de pain.
9. **Prunelle** (f.) : pupille de l'œil.

Celui-ci, de l'avis de tous, était un homme racé [1], chez qui on n'avait jamais rien remarqué d'anormal. Sa nervosité ? Les gens ne l'exagéraient-ils pas maintenant à leur insu [2] ?

Il partageait son temps entre les champs de course et son château du Berry [3], où il se passionnait surtout pour l'élevage en grand des chiens courants [4], ce qui avait déjà été la marotte [5] de son père.

Imagine-t-on ces huit minutes ? Car je les ai chronométrées. Huit minutes exactement !

L'*Homme* assis au bord de son lit, le regard vague.

Et une jeune femme debout près de la porte, n'osant pas faire un geste, retenant sa respiration.

Près de moi, G. 7, qui avait imaginé cette confrontation et qui gardait tout son sang-froid, tandis que je sentais la fièvre monter en moi.

J'avais envie de le supplier de mettre fin à mon supplice, à celui de cette femme surtout !

Cette femme regardant un homme, se demandant si cet homme était oui ou non son mari !

« Qu'est-ce que vous en pensez ? souffla soudain [6] mon compagnon, à mon oreille.

— Allez ouvrir la porte !

— Il ne bronche [7] pas, hein ! »

C'était intolérable. Huit minutes, je le répète ! De vraies

---

1. **Racé** : qui possède une distinction et une élégance naturelles.
2. **À leur insu** : sans qu'ils le sachent.
3. **Berry** : région au sud du Bassin parisien, entre la Sologne et le Massif central.
4. **Chien courant** : chien qui donne de la voix quand il est sur la piste du gibier.
5. **Marotte** (f.) : manie.
6. **Soudain** : tout à coup.
7. **Broncher** : faire un geste ou prononcer une parole pour protester.

minutes, comptées sur le cadran [1] d'une montre !

« Ils sont riches...

— Je sais... Mais ne croyez-vous pas que cela suffise ? Ouvrez !

— Essayez de trouver un mobile [2] à un acte comme celui-là, vous !

— Je n'essaie plus...

— Examinez l'autre hypothèse: celle de deux hommes, d'un comte disparu et d'un voyou retrouvé à sa place... »

Je finissais, comme il m'arrive toujours en cas d'énervement, par avoir les pieds mal à l'aise dans mes chaussures, le gros orteil [3] désagréablement écarté [4].

« Savez-vous combien il y a de solutions possibles ? Plausibles même !... Au moins six... »

Je craignais de le voir me les énumérer. Mais il se dirigea vers la porte de la cellule. Quelques instants plus tard nous étions au parloir, la comtesse de Saint-Bonnet, G. 7 et moi.

« Vous l'avez reconnu ? Vous lui avez parlé ? questionna l'inspecteur avec une bienveillance [5] soulignée.

— Oui... Je lui ai parlé... fit-elle.

— Il vous a répondu ? »

Elle hésita.

« Non... Je ne sais pas... Je ne sais rien... Et pourtant je sens que c'est lui... Je le sens et ma raison refuse de le croire...

— Yves de Saint-Bonnet m'a dit la même chose... Permettez-moi encore une question : votre mari n'était pas sujet à des crises de somnambulisme ?...

— Je ne pense pas... Ou plutôt, je crois me souvenir que, quand il était très jeune, il se relevait parfois la nuit... Par la suite, cela ne lui arrivait plus...

---

1. **Cadran** (m.) : surface sur laquelle sont indiqués les chiffres des heures.
2. **Mobile** (m.) : ce qui incite à agir.
3. **Orteil** (m.) : doigt de pied.
4. **Écarté** : éloigné des autres doigts.
5. **Bienveillance** (f.) : disposition favorable envers quelqu'un.

— Était-il jaloux ? »

La question me fit tressaillir, tant elle était inattendue. Mais Mme de Saint-Bonnet ne se troubla pas. Elle esquissa un sourire triste.

« Comme tous les hommes... Mais je sortais si peu !...

— Vous ne receviez pas davantage ?

— Jamais !... Dans le Berry seulement, quelques voisins, pour les chasses... »

G. 7 se leva, gagna la cellule dont il ouvrit la porte, cria :

« Approche, toi ! »

L'*Homme* ne bougea pas. Mon compagnon alla le saisir [1] par les épaules et il le poussa ainsi dans le corridor, puis dans le parloir.

« Assieds-toi ! »

Et, comme l'autre n'obéissait pas, il l'installa de force sur une chaise.

Mme de Saint-Bonnet s'était levée, ahurie, inquiète, une main sur la poitrine.

(à suivre...)

---

1. **Saisir** : prendre.

Avant de lire le dénouement, découvrons ensemble...

... quels sont les personnages de l'histoire?

Écoutez l'enregistrement et complétez, quand c'est possible, le tableau suivant:

	aspect physique	caractère	âge	signe particulier
L'homme				
Le comte de Saint-Bonnet				
La comtesse				
Le frère du comte				

Écoutez l'enregistrement et complétez les phrases suivantes en cochant la bonne réponse:

1. L'homme dans la cellule
   a. ☐ crie parce qu'il veut partir
   b. ☐ dort tout le temps
   c. ☐ ne dit rien et n'a aucune réaction
2. Quand la comtesse de Saint-Bonnet entre dans la cellule
   a. ☐ elle reconnaît tout de suite son mari
   b. ☐ elle pose à l'homme de nombreuses questions
   c. ☐ elle ne parle pas

ACTIVITÉS

3. La comtesse a
- **a.** ☐ une trentaine d'années
- **b.** ☐ quarante ans
- **c.** ☐ trente-deux ans

4. L'homme a été enfermé dans la maison de santé de Vincennes
- **a.** ☐ parce qu'il n'y avait pas de place dans la prison de Fresnes
- **b.** ☐ parce qu'il pourrait être le comte de Saint-Bonnet
- **c.** ☐ parce que c'est un simple voyou

5. Le comte de Saint-Bonnet
- **a.** ☐ a disparu
- **b.** ☐ est mort
- **c.** ☐ s'est remarié

6. L'homme
- **a.** ☐ a un tatouage sur l'avant-bras droit
- **b.** ☐ a le même tatouage que le comte
- **c.** ☐ n'a aucun tatouage tandis que le comte en a un sur l'avant-bras droit

7. L'homme est
- **a.** ☐ ignoré de tout le monde
- **b.** ☐ examiné par de nombreux spécialistes
- **c.** ☐ torturé sans aucun ménagement

8. Le comte
- **a.** ☐ est fils unique
- **b.** ☐ a un frère
- **c.** ☐ a une sœur

ERRATUM

LE RÉCIT DE VIE

p. 47 : Incipit de douze récits de vie. Note 1. Il faut lire :

1. Georges NAVEL, *Travaux*, Stock.
2. François MAURIAC, *Mémoires intérieurs*, Flammarion.
3. Simone de BEAUVOIR, *Mémoires d'une jeune fille rangée*, © Éditions Gallimard.
4. Michel LEIRIS, *L'âge d'homme*, © Éditions Gallimard.
5. STENDHAL, *Journal*.
6. Raymond QUENEAU, « Je naquis au Havre... », in *Chêne et chien*, © Éditions Gallimard.
7. Adélaïde BLASQUEZ, *Gaston Lucas, serrurier*, Plon.
8. Roland BARTHES, *Roland Barthes*, © Éditions du Seuil.
9. Marguerite DURAS, *L'amant*, © Éditions de Minuit.
10. Wilfried MARTENS, *Parole donnée*, Didier Hatier.
11. Marcel PROUST, *A la recherche du temps perdu*.
12. Émilie CARLES, *Une soupe aux herbes sauvages*, Robert Laffont.

ACTIVITÉS

Utilisez les éléments que vous avez recueillis pour rédiger une brève présentation de chaque personnage.

... quels sont les personnages soupçonnés?

Quelles sont les différentes opinions qui circulent à propos du comportement de l'homme dans la maison de santé? Reportez au moins six façons de considérer cet homme:

....
....
....
....
....
....

- Quelle est l'attitude de la comtesse à l'égard de cet homme? Et celle de son beau-frère?
- Quel est le comportement de la jeune femme quand elle se trouve dans le parloir et qu'elle ne sait pas qu'on l'observe?

... où se passe l'action?

- Dans quelle ville se déroule l'histoire? Quels sont les éléments qui vous le font comprendre? Soulignez-les.
- Où se trouve maintenant l'homme? Pourquoi?
- Où avait-il été conduit avant d'être enfermé ici?

... où a lieu l'affaire?

- Est-ce que, à votre avis, cet hôtel particulier se trouve dans une grande ville? Pourquoi?
- De quelle ville s'agit-il selon vous? Est-ce que le narrateur le dit clairement?

... quand a lieu l'affaire?

 Écoutez l'enregistrement et complétez le texte suivant. Soulignez ensuite les différentes phases de l'évolution de cette histoire:

- Une .... l'homme a été .... par la .... Il était en train de .... Il a été .... et .... au commissariat. Il .... aux questions qu'on lui a posées. Il portait .... Le jour suivant, le commissaire a averti .... et il a trouvé la comtesse très préoccupée parce que ...., qui s'était couché vers ...., ... Elle n'avait rien .... Le commissaire a décidé d'amener l'homme avenue Hoche pour .... L'homme a refusé de .... Il y avait une ressemblance .... entre lui et le comte mais la comtesse comme le valet de chambre du comte et comme le frère du ....

Réfléchissons

- Comment jugez-vous l'homme dans la cellule?
- Croyez-vous qu'il fasse semblant d'être fou ou qu'il le soit vraiment? Donnez vos raisons.
- Pensez-vous que l'homme soit en réalité le comte de Saint-Bonnet? S'il l'est, pourquoi personne dans sa famille n'a jamais aperçu le tatouage sur son avant-bras?
- Que demande l'inspecteur à la comtesse après son entretien avec l'homme dans le parloir?
- Est-ce qu'elle dit la vérité?
- Pourquoi, selon vous, l'inspecteur lui demande-t-il si son mari était jaloux?
- Est-ce qu'elle avait l'habitude de recevoir des personnes chez elle?

L'homme tatoué

Ce fut brutal comme un coup de massue [1], au point que mon visage s'empourpra [2] d'un seul coup jusqu'aux oreilles.

« Mme de Saint-Bonnet, prononça G. 7 en regardant en face l'homme tatoué, est depuis plusieurs mois la maîtresse [3] de votre frère ! »

Deux déclics [4], littéralement. La comtesse reculant [5] brusquement de deux pas, étendant les mains devant elle comme pour se protéger.

L'*Homme* se dressant, les poings [6] serrés, les yeux fous.

« Qu'est-ce que vous dites ? »

C'étaient les premiers mots qu'il prononçait depuis deux semaines !

G. 7 m'adressa un signe et je le suivis vers la porte par laquelle nous disparûmes aussitôt, laissant le couple en tête-à-tête.

Dans la cour de la maison de santé, l'inspecteur soupirait un peu plus tard :

« J'ai eu chaud ! Et ce n'est pas facile, je vous jure, d'être aussi odieux que je viens de l'être. Mais c'était nécessaire et j'avais par trop pitié de ce pauvre garçon... J'ai joué ma partie presque à coup sûr, avec, en tout cas, des preuves morales suffisantes...

« L'attitude de sa femme dans la cellule !... La sienne !... Celle de son frère à l'instruction !...

« Le doute qu'on se complaisait à laisser planer [7]... L'affirmation qui ne naissait que peu à peu...

« Vous pensez bien qu'une femme est *toujours* capable

---

1. **Massue** (f.) : bâton à tête noueuse.
2. **S'empourprer** : devenir rouge.
3. **Maîtresse** (f.) : femme qui a des relations intimes avec un homme qui n'est pas son mari.
4. **Déclic** (m.) : mécanisme de déclenchement.
5. **Reculer** : aller en arrière.
6. **Poing** (m.) : main fermée.
7. **Planer** : être en suspension dans l'air.

d'affirmer que tel individu est ou n'est pas son mari... *Toujours !*

« Mais il lui fallait éviter les soupçons par trop de précipitation. Elle n'affirmait que peu à peu et ainsi, d'ici une semaine ou deux, l'homme tatoué, convaincu d'être le comte de Saint-Bonnet, était enfermé à jamais comme fou...

« À qui cela pouvait-il profiter [1] ? À des amants...

« La comtesse ne sortait pas, ne recevait pas, sauf Yves de Saint-Bonnet, célibataire...

« Un homme énergique, celui-là, qui s'est souvenu que son frère, lorsqu'il était tout jeune, était somnambule !

« Rien n'est plus facile à hypnotiser qu'un somnambule... Saint-Bonnet n'était-il pas déjà bizarre, d'humeur très inégale ?... Ne le considérait-on pas comme un original ?

« Restait à en faire un fou...

« Le tatouage d'abord, pratiqué sans doute tandis que le pauvre garçon était sous le coup d'un sommeil hypnotique... Des expéditions nocturnes ensuite, qui lui étaient ordonnées par le magnétiseur...

« Quand Saint-Bonnet est revenu à lui, au commissariat, il a été horrifié par son cas. Il n'était pas sans avoir vu jouer le *Professeur Hallers*... Il était au courant des mystères de la double personnalité...

« Il s'est cru taré [2]... Il a préféré passer pour un autre... »

---

1. **À [...] profiter** : qui pouvait tirer avantage de cela.
2. **Taré** : ici, fou.

Dénouement

Répondez aux questions suivantes en cochant la bonne réponse:

1. Quelle est la réaction de l'homme quand l'inspecteur dit que Madame de Saint-Bonnet est depuis plusieurs mois la maîtresse de son frère?
    a. ☐ il recule brusquement
    b. ☐ il se dresse et, pour la première fois, il parle
    c. ☐ il continue à se taire

2. Pour quelle raison l'inspecteur fait-il cette affirmation?
    a. ☐ pour aider l'homme et découvrir le mystère de cette histoire
    b. ☐ pour être odieux
    c. ☐ par hasard

3. Quels rapports y a-t-il entre la comtesse et son beau-frère?
    a. ☐ ils se détestent
    b. ☐ ils sont amis
    c. ☐ ils sont amants

4. Qu'ont fait la comtesse et son beau-frère?
    a. ☐ ils ont fait un tatouage à l'homme parce qu'il l'avait demandé
    b. ☐ ils ont hypnotisé l'homme, qui était somnambule, dans l'espoir qu'il tombe et meure
    c. ☐ ils ont hypnotisé l'homme pour qu'il se promène la nuit et qu'on le prenne pour un fou

5. Comment a réagi l'homme quand il est revenu à lui?
    a. ☐ il est devenu fou
    b. ☐ il s'est adressé à un spécialiste
    c. ☐ il a pensé qu'il était devenu fou et a fait semblant d'être quelqu'un d'autre

5

LE CORPS DISPARU

D'ABORD les faits en bref, tels qu'un coup de téléphone, un soir, vers onze heures, les apprit à G. 7, ce qui suffit pour nous décider à prendre le train une heure plus tard.

Le jour même, à quatre heures de l'après-midi, les habitants de Tracy, un tout petit village des bords de la Loire, aperçoivent le corps d'une jeune fille qui s'en va au fil de l'eau [1].

On le repêche [2] à l'aide d'un bachot [3]. Bien qu'il ne donne plus signe de vie, un vigneron s'en va à Pouilly avec sa voiture et ramène un médecin.

Celui-ci, pendant deux heures, pratique en vain la respiration artificielle.

La jeune fille, que personne ne connaît, ne revient pas à elle. Le maire est absent. Il n'y a pas de garde-champêtre [4], ni de gendarmerie. Le brigadier de Pouilly, qui est en tournée, ne pourra arriver que le lendemain.

Le garde-barrière [5] possède un petit local inutilisé derrière sa maison. On y dépose le cadavre. À la tombée du jour, les gens se dispersent.

Vers dix heures du soir, le garde-barrière sort de chez lui pour

---

1. **Au fil de l'eau** : transporté par le courant.
2. **Repêcher** : retirer de l'eau.
3. **Bachot** (m.) : petit bateau à fond plat utilisé pour faire traverser un fleuve ou un lac à des personnes ou à des véhicules.
4. **Garde-champêtre** (m.) : agent municipal qui doit faire respecter les règlements de police rurale.
5. **Garde-barrière** (m.) : personne chargée de la manœuvre d'un passage à niveau non automatique.

aiguiller [1] un train de marchandises. En passant devant le local où la morte est couchée, il s'aperçoit avec stupeur que la porte, qu'il a fermée lui-même, est entrebâillée [2].

Il s'effraie [3]. Il va chercher sa femme. Tous deux s'avancent avec une lanterne, passent la tête par l'ouverture.

Le cadavre a disparu ! Il n'y a plus rien dans le réduit [4] !

* * *

À six heures du matin, nous étions déjà sur place et, de la gare, nous pouvions apercevoir la bicoque autour de laquelle les paysans étaient en effervescence.

Tracy se dresse sur la rive droite de la Loire, à un endroit où le fleuve, très large, est parsemé [5] de grandes îles de sable.

En face du village, on aperçoit le château de Sancerre, mais il faut faire un long détour [6] pour atteindre le pont suspendu qui y conduit ainsi qu'à Saint-Satur, si bien que le village est assez isolé.

Les gens que nous voyions étaient presque tous des vignerons dont quelques-uns alertés par le garde, avaient passé la nuit sur la route, à guetter l'arrivée des gendarmes.

Ces derniers étaient arrivés un peu avant nous. Ils se livraient [7] à un interrogatoire général qui donnait les résultats les plus confus.

Un fait était certain : la jeune fille, après deux heures de respiration artificielle, ne donnait pas signe de vie, et le docteur avait signé sans hésiter le certificat de décès.

1. **Aiguiller** : diriger un train d'une voie sur une autre.
2. **Entrebâiller** : ouvrir à demi.
3. **S'effrayer** : s'épouvanter.
4. **Réduit** (m.) : petit local généralement sans fenêtre.
5. **Être parsemé de** : présenter çà et là.
6. **Détour** (m.) : trajet qui s'écarte du plus court chemin.
7. **Se livrer** : s'adonner.

Seulement un ancien batelier [1] venait de jeter le trouble dans les esprits en racontant une histoire dont il avait été le témoin: la fille d'un marinier tombant à l'eau pendant l'absence de son père, repêchée seulement une heure plus tard, soignée par deux médecins qui la déclarent morte ; le père revenant, se jetant sur le corps de son enfant et, dix heures durant, se livrant à des mouvements rythmiques ; la jeune fille, enfin, revenant peu à peu à elle...

Décrire l'effet de ce discours serait impossible. Les gens, du coup [2], se mettaient à trembler, et le garde-barrière n'osait plus regarder du côté de la bicoque.

G. 7 n'avait pas cru devoir décliner sa qualité. Nous étions là comme de simples curieux, à tout écouter, à tout voir. Bien qu'on fût en août et que le temps fût sec depuis près de quinze jours, certains s'obstinaient à chercher des empreintes [3] sur le sol de la route.

Le brigadier ne savait que faire. Il prenait note de tout ce que les gens voulaient bien lui dire et il avait des pages et des pages de carnet noircies d'une grosse écriture appliquée.

Vers dix heures du matin, coup de théâtre [4]. Une voiture arrive des Loges, un autre village, de la même importance que Tracy, situé à quatre kilomètres en amont [5]. Une grosse dame en effervescence en descend.

Elle crie. Elle pleure. Elle gémit. Un vieux paysan, muet, la suit.

« C'était ma fille, n'est-ce pas ? »

---

1. **Batelier** (m.) : personne qui conduit les bateaux sur les rivières et les canaux.
2. **Du coup** : après ça.
3. **Empreinte** (f.) : trace laissée par les semelles des chaussures.
4. **Coup de théâtre** (m.) : événement inattendu qui change le cours de l'action.
5. **En amont** : en remontant vers la source de la Loire.

Le corps disparu

On décrit la noyée de la veille, ses vêtements. Les gens discutent, car ils ne sont pas d'accord sur la couleur des cheveux. Mais il n'y a pas de doute possible.

La noyée n'est autre qu'Angélique Bourriau, dont les parents viennent d'arriver des Loges.

Le père est tellement écrasé [1] par l'événement qu'il ne parvient pas à prononcer une parole et qu'il regarde autour de lui avec hébétude. Mais la mère parle pour deux, d'une voix à la fois criarde [2] et volubile.

« Un coup de ce Gaston, certainement... »

On tend l'oreille. On apprend qu'Angélique, qui avait dix-neuf ans, s'était « toquée [3] » d'un employé des contributions de Saint-Satur qui n'avait pas un sou devant lui et qui n'avait même pas encore fait son service militaire.

Bien entendu, les Bourriau s'opposaient au mariage. Ils avaient un autre parti en vue, un gros vigneron de Pouilly qui, lui, avait trente ans et du foin dans les bottes [4].

Le mariage devait avoir lieu deux mois plus tard.

Nous arrivâmes les premiers à Saint-Satur, G. 7 et moi, laissant gendarmes, parents et curieux en permanence devant le réduit vide.

Il était onze heures quand nous entrâmes au bureau des contributions où Gaston lui-même, Gaston Verdurier, pour lui donner son nom exact, nous reçut au guichet.

C'était un grand jeune homme de vingt ans, avec des yeux fiévreux [5], des lèvres qui se mettaient à tressaillir [6] à la moindre

---

1. **Écrasé** : ici, anéanti.
2. **Criard** : qui blesse l'oreille.
3. **Se toquer** : (généralement péjoratif) se prendre de passion pour quelqu'un ou quelque chose.
4. **Avoir du foin dans ses bottes** : être riche.
5. **Fiévreux** : qui marque une agitation intense et désordonnée.
6. **Tressaillir** : avoir une brusque secousse musculaire sous l'effet d'une émotion ou d'une douleur physique.

émotion.

« Veuillez sortir un instant avec nous...

— Mais... »

Verdurier montrait l'horloge qui ne marquait pas encore midi.

« Vous préférez que je parle ici ? Il s'agit d'Angélique... »

Il saisit brusquement sa casquette, nous suivit dehors.

« À quelle heure l'avez-vous quittée, hier après-midi ?

— Mais... Que voulez-vous dire ?... Je ne l'ai pas vue...

— Vous l'aimiez, n'est-ce pas ?

— Oui...

— Elle vous aimait...

— Oui...

— Vous n'avez pas voulu qu'elle soit à un autre...

— Ce n'est pas vrai !...

— Quoi ? Qu'est-ce qui n'est pas vrai ?

— Je ne l'ai pas tuée !

— Vous savez donc quelque chose ?

— Non... Oui... On l'a retrouvée, n'est-ce pas ?

— Oui, on l'a retrouvée. Et, dans quelques instants, la gendarmerie sera ici...

— Qui êtes-vous ?

— Peu importe. Que savez-vous ? Pourquoi avez-vous affirmé, avant que je vous apprenne quoi que ce soit, que vous ne l'avez pas tuée ?

— Parce que je savais qu'Angélique n'accepterait pas ce mariage... Elle m'a dit plusieurs fois qu'elle préférait mourir...

— Et vous ?... »

Nous traversions le pont suspendu. De loin on voyait les toits rouges de Tracy.

« Moi, je suis désespéré...

— Vous avez travaillé à votre bureau, hier après-midi ? Pas la peine de mentir, hein ! j'interrogerai votre chef...

— Non... J'avais demandé congé...

— Et vous avez vu Angélique.

— Oui... Près des Loges... Nous nous sommes promenés

Le corps disparu

ensemble...

— Quand vous l'avez quittée, elle vivait ?

— Oui !

— Et vous n'avez aperçu personne qui rôdait ?... Grosjean, par exemple... C'est ainsi que s'appelle celui qu'elle doit épouser, n'est-ce pas ?

— Je ne l'ai pas vu... »

Le jeune homme était pantelant [1] d'angoisse. Il avait le visage en sueur, les lèvres blêmes [2].

« Nous allons la voir ? questionna-t-il.

— Oui !

— Ah !... Nous allons... la... »

Il s'arrêta.

« Eh bien ?... Vous n'avez pas le courage d'aller jusqu'au bout [3] ?...

— Si... je... Mais vous devez comprendre... »

Et soudain il éclata en sanglots [4]. G. 7 le laissa pleurer et ne lui adressa plus la parole avant d'arriver devant la maison du garde, où la foule s'ouvrit pour laisser passage à Gaston Verdurier.

Celui-ci se cachait le visage à deux mains. Il questionna :

« Où est-elle ? »

Mais déjà la mère de la jeune fille l'apostrophait avec véhémence et la scène devenait désordonnée, à la fois tragique et grotesque. Pour un peu, elle eût [5] dégénéré en bataille.

« Il s'expliquera à Pouilly ! » intervint le brigadier en saisissant le poignet [6] du jeune homme.

Celui-ci était fou d'angoisse. Jamais, je crois, je n'ai vu visage

---

1. **Pantelant** : qui respire à un rythme précipité.
2. **Blême** : pâle.
3. **Jusqu'au bout** : jusqu'au fond.
4. **Éclater en sanglots** : se mettre à pleurer d'un seul coup, très fort.
5. **Eût** : aurait.
6. **Poignet** (m.) : articulation entre l'avant-bras et la main.

aussi décomposé. Il nous cherchait des yeux comme s'il eût compté sur nous pour le tirer de là.

« Je n'ai pas tué, je le jure ! » hurla-t-il tandis qu'on le poussait dans une charrette pour le mener à la ville.

Et la charrette était à cent mètres qu'on entendait encore ses sanglots.

Tout cela s'était passé si vite et dans une atmosphère tellement étrange que je n'avais même pas pensé à me faire une opinion sur l'affaire.

On m'eût montré la jeune fille vivante que je n'eusse pas été [1] étonné. On m'eût dit que son fiancé officiel l'avait tuée, que je n'eusse pas sourcillé [2] davantage.

Il y avait un soleil magnifique. La maison blanche du garde étincelait [3].

Les gens ne se décidaient pas à s'en aller et le désarroi des parents, qui ne savaient même pas où était le corps de leur fille, était quelque chose d'intensément dramatique, en dépit [4] des à-côtés [5] ridicules de la situation.

G. 7 n'était pas encore entré officiellement en scène. Il regardait autour de lui. Il écoutait.

« Dites donc ! fit-il soudain en s'adressant à l'ancien batelier qui avait raconté l'histoire de la ressuscitée. Vous n'étiez pas à Saint-Satur, hier au soir ?

— Bien sûr, puisque c'est là que j'habite.

— Et vous n'êtes pas allé au café ?

— J'ai pris l'apéritif. Mais pourquoi me demandez-vous ça ?

---

1. **On m'eût [...] que je n'eusse pas été** : même si on m'avait [...], je n'aurais pas été.
2. **Ne pas sourciller** : (utilisé uniquement à la forme négative) ne pas laisser paraître son trouble.
3. **Étinceler** : briller.
4. **En dépit de** : malgré.
5. **À-côté** (m.) : ce qui est secondaire par rapport à l'essentiel.

Le corps disparu

— Vous avez raconté votre histoire ?

— Quelle histoire ? »

Sans doute G. 7 en savait-il assez, car il tourna le dos avec désinvolture, me fit signe de le suivre.

« Pas la peine de nous presser ! dit-il. Il y a un train pour Pouilly à deux heures. D'ici là, nous avons le temps de déjeuner à l'auberge et de goûter au vin blanc du pays.

— Mais...

— Mais quoi ?... » me demanda-t-il le plus naturellement du monde, comme si nous n'eussions été là que pour savourer l'air pur et les produits du pays.

Et à ce signe je reconnus qu'il tenait d'ores et déjà [1] la solution de l'affaire.

(à suivre...)

---

1. **D'ores et déjà** : dès maintenant.

ACTIVITÉS

Avant de lire le dénouement, découvrons ensemble...

... quels sont les personnages de l'histoire?

Relisez le texte et remplissez le tableau suivant avec toutes les indications que vous avez recueillies sur les différents personnages:

Angélique Bourriau, la jeune fille noyée
Ses parents
Le garde-barrière
Le brigadier
L'ancien batelier
Gaston Verdurier
Grosjean

Dites si les affirmations suivantes sont vraies ou fausses. Pour chaque affirmation fausse, rétablissez la vérité:

    V F
- Angélique Bourriau était amoureuse de Gaston Verdurier. ☐ ☐

....

- Gaston appartient à une riche famille de vignerons. ☐ ☐

  ....

- Grosjean voulait épouser Angélique mais les parents de la jeune fille s'opposaient au mariage. ☐ ☐

  ....

- C'est le garde-barrière qui s'aperçoit de la disparition du corps de la jeune fille. ☐ ☐

  ....

- La mère d'Angélique est tellement écrasée par la douleur qu'elle ne réussit même pas à parler. ☐ ☐

  ....

- Le brigadier pense être déjà sur les traces du coupable. ☐ ☐

  ....

- Un ancien batelier raconte qu'il a vu Angélique tomber à l'eau. ☐ ☐

  ....

... quels sont les personnages soupçonnés?

- Qui, selon la mère d'Angélique, est responsable de la mort de la jeune fille?
- Est-ce que l'inspecteur soupçonne quelqu'un?

... où se passe l'action?

Complétez le texte suivant:

- L'histoire se déroule dans .... Le corps d'une jeune fille est repêché à ...., un petit .... sur les bords de .... Cette fille habitait avec sa famille à ...., un .... situé .... Elle était tombée amoureuse de Gaston Verdurier, un employé des contributions de ....

... où ont lieu les faits?

Remettez en ordre ces phrases de façon à reconstituer la succession exacte des événements.

- Le médecin ne parvient pas à ranimer la jeune fille.
- Le corps est repêché.
- Le garde-barrière va appeler sa femme et il découvre que le cadavre a disparu.
- Les habitants de Tracy aperçoivent le corps d'une jeune fille dans la Loire.
- Plus tard, le garde-barrière sort et s'aperçoit que la porte du petit local est ouverte.
- Un vigneron va à Pouilly chercher un médecin.
- Comme le brigadier n'est pas là, le garde-barrière met le corps de la jeune fille dans un petit local derrière la maison.

Soulignez les passages où il est question des endroits qui ont quelque chose à voir avec le fait.

... quand ont lieu les faits?

- Quand la jeune fille s'est-elle noyée?
- Quand son corps a-t-il disparu? Vers quelle heure?

Réfléchissons

- Croyez-vous qu'Angélique ait été tuée ou qu'elle ait été victime d'un accident?
- Pensez-vous que Gaston soit en quelque sorte responsable de la mort de la jeune fille?
- Comment a-t-il passé la journée où Angélique a trouvé la mort?
- Est-ce que l'histoire racontée par le batelier vous semble importante?
- Pourquoi, à votre avis, l'inspecteur demande-t-il au batelier s'il a raconté son histoire dans le café de Saint-Satur?

Le corps disparu

Deux heures plus tard, nous étions en face de Gaston qui, tête baissée, le regard fuyant, se défendait avec acharnement [1] contre les accusations du capitaine de gendarmerie.

Il avait des larmes plein les yeux, le visage plaqué de [2] taches pourpres, les ongles rongés jusqu'à la racine.

« Je n'ai pas tué !... Ce n'est pas vrai... sanglotait-il avec rage et humilité tout ensemble.

— Mais vous ne vous êtes pas tué non plus ! » dit soudain la voix calme de G. 7.

J'étais loin de m'attendre à cette phrase-là. Gaston aussi, qui bondit, regarda mon ami d'une façon incisive, avec quelque chose d'affolé [3] dans les prunelles.

« Comment... comment savez-vous ?... »

G. 7 avait aux lèvres un sourire amer, terriblement humain.

« Il m'a suffi de vous regarder pour comprendre... Pour comprendre qu'au dernier moment vous n'avez pas eu le courage !... Le dernier baiser !... La dernière étreinte [4] !... La volonté de mourir ensemble plutôt que de renoncer l'un à l'autre !... Angélique qui se précipite vers le fleuve... Et vous, alors, vous, soudain dégrisé [5], qui regardez le corps que le flot emporte, qui reculez, qui restez là, immobile, un frisson [6] au fond de la poitrine...

— Taisez-vous !...

— Le soir, à Saint-Satur, vous êtes au café. Vous buvez pour vous calmer. Un homme raconte une horrible histoire... On a repêché une jeune fille à Tracy... On la croit morte... Mais lui, il a son idée... Il a connu un cas pareil, jadis [7]...

---

1. **Acharnement** (m.) : ardeur obstinée.
2. **Plaqué de** : recouvert de.
3. **Affolé** : qui éprouve une émotion violente, de la panique.
4. **Étreinte** (f.) : action de presser quelqu'un dans ses bras.
5. **Dégrisé** : redevenu lucide.
6. **Frisson** (m.) : mouvement convulsif provoqué par une émotion.
7. **Jadis** : autrefois.

« Vous écoutez. Vous tremblez de tous vos membres. Peut-être imaginez-vous Angélique enterrée [1] vivante...

« Vous vous précipitez dehors... Vous arrivez à Tracy... Vous volez le corps que vous emportez dans les bois proches...

« Vous tentez la résurrection !... Du moins je veux le croire, n'est-ce pas ?... C'est pour vous racheter [2] que vous agissez ainsi !... Ce n'est pas pour empêcher, au contraire, Angélique de revivre, de vous accuser de lâcheté [3]... »

Le jeune homme poussa un cri d'horreur.

« Hélas [4] ! elle est bien morte... » poursuivit G. 7.

Sa voix se fit plus basse.

« Allons ! dites-nous où vous l'avez laissée... »

Et dehors, cinq minutes plus tard, il soupirait en respirant avidement :

« Je ne sais pas pourquoi... mais j'aurais encore mieux aimé m'occuper d'un vilain crime !... »

Comme moi, sans doute, il gardait un poids sur la poitrine, tandis que deux gendarmes accompagnaient l'amoureux de vingt ans vers la forêt.

---

1. **Enterrer** : mettre un corps en terre.
2. **Se racheter** : se réhabiliter, faire oublier ses fautes.
3. **Lâcheté** (f.) : manque de courage.
4. **Hélas** : interjection exprimant la tristesse, le regret, le désespoir, la commisération.

Dénouement

Complétez les phrases suivantes en cochant la bonne réponse:

1. Angélique et Gaston
    a. ☐ avaient décidé de fuir ensemble mais, pendant la fuite, ils sont tombés dans l'eau
    b. ☐ avaient décidé de se suicider plutôt que de renoncer l'un à l'autre
    c. ☐ avaient décidé de renoncer à se marier ensemble

2. Au dernier moment
    a. ☐ après qu'Angélique s'est jetée à l'eau, Gaston n'a plus eu le courage de se suicider
    b. ☐ les deux jeunes ont renoncé à leur projet
    c. ☐ Gaston a fait tomber Angélique dans l'eau

3. Dans le café de Saint-Satur
    a. ☐ Gaston recherche un peu de compagnie
    b. ☐ il n'y a personne et Gaston boit quelque chose pour se calmer
    c. ☐ Gaston entend raconter l'histoire de la jeune fille repêchée

4. Gaston se précipite à Tracy
    a. ☐ pour empêcher la police de trouver le corps d'Angélique
    b. ☐ pour enterrer Angélique
    c. ☐ pour voir si Angélique est encore vivante

6

HANS PETER

JE n'oublierai jamais sa physionomie, ni les moindres [1] détails de sa personne — détails soulignés, au surplus, avec une netteté incisive, comme dans un dessin de Dürer qui se fût complu [2] à en faire le portrait.
L'arrivée dans l'île de Porquerolles est, plus encore qu'un débarquement sur la Côte d'Azur proprement dite, comme un bain de soleil, de chaleur, de joie de vivre et d'optimisme.

Un village de deux cents habitants, au milieu d'une île de cinq kilomètres. Un port minuscule, où les yachts seuls font escale.

Ce n'est qu'à une heure d'Hyères et pourtant on se sent très loin, à une latitude qui aurait les charmes de l'Afrique sans en avoir les excès.

Les maisons sont blanches, roses, vertes et bleues. Il y a partout des eucalyptus, des mimosas et des bambous. Les gens parlent en chantant et des petits rentiers ont un casque de sureau [3] sur la tête et des vêtements de toile.

Ils pêchent à la ligne, sur la jetée [4] autour de laquelle l'eau est calme comme celle d'un lac, bleue comme sur les cartes postales.

On nous conduit, G. 7 et moi, à travers cet enchantement. On ouvre la porte d'une mairie pareille à un mas [5] provençal et nous voilà tout de go [6] dans la salle du conseil transformée en prison.

Là, tandis que les cigales chantent au-dehors, que le soleil met

---

1. **Le moindre** : le plus petit.
2. **Se complaire** : se délecter.
3. **Sureau** (m.) : arbre dont le bois très léger renferme un large canal.
4. **Jetée** (f.) : môle.
5. **Mas** (m.) : ferme ou maison de campagne typique de la Provence.
6. **Tout de go** : d'une manière brutale, soudaine.

des gerbes [1] d'étincelles dans les vitres, Hans Peter, assis sur un banc avant notre arrivée, se lève et attend, sans nous saluer, mais sans nous défier [2].

Le gendarme qui nous conduit est gras, brun de poil. Il a une voix de baryton.

Hans Peter, lui, est un grand garçon maigre, au teint blafard [3], aux yeux si clairs qu'on les dirait incolores. Il est blond — presque blanc.

Il porte une veste de gros drap verdâtre comme on n'en voit que dans le Nord : en Suède, en Norvège, en Finlande.

Des traits dessinés à la pointe sèche [4], je l'ai dit. Des lèvres minces sur lesquelles flotte un étrange sourire.

« C'est lui ! » s'écrie le gendarme.

Le seul gendarme de l'île, où l'affaire a éclaté comme une bombe.

Je voudrais résumer les faits, mais je voudrais en même temps qu'on se fasse une idée de l'atmosphère, qui leur donne leur valeur réelle.

Porquerolles est un paradis. L'*Oustaou de Diou* est le paradis de Porquerolles.

Son nom signifie d'ailleurs à peu près : la maison du Bon Dieu. Une grande maison peinte en blanc, dominant le village et le port. Car le village s'adosse à une colline et l'*Oustaou* se dresse au flanc de celle-ci.

Des Anglais, des Américains ont offert des sommes folles de cette demeure sans luxe, mais dont la situation est unique.

C'est l'*Oustaou* qu'on aperçoit en arrivant. Et on ne cesse de le voir de tous les points de l'île, avec son toit rouge encadré d'eucalyptus.

---

1. **Gerbe** (f.) : bouquet, faisceau.
2. **Défier** : provoquer.
3. **Blafard** : pâle, blanc.
4. **Pointe sèche** (f.) : stylet d'acier utilisé pour graver sur cuivre ou sur zinc.

Les 13 énigmes

Quatre jours plus tôt encore, un petit rentier, Justin Bedoux, vivait là, tout seul. Un marin retraité [1], appelé le plus souvent l'Amiral, venait chaque jour faire son ménage.

Bedoux était un homme paisible, à casque de sureau et à complet blanc, qui passait son temps à pêcher la girelle [2] dans un petit youyou [3] peint en bleu pâle avec un lisseton or.

Le lundi 13 août, exactement donc, l'Amiral s'étonne de trouver encore, à neuf heures du matin, l'*Oustaou* endormi. Il n'a qu'à pénétrer dans la maison par la première fenêtre venue, car celles-ci sont toujours ouvertes. Et il trouve son maître mort à côté de son lit, la poitrine [4] sanglante.

L'alarme est donnée. Tout le village accourt. L'unique gendarme n'a même pas le temps de se mettre en tenue [5], ni le maire de ceindre son écharpe [6].

Bedoux est bien mort, d'une balle en plein cœur.

Or voilà que quelques instants plus tard, comme on fouille sans conviction la maison, on découvre, dans un réduit, un rôdeur endormi sur une botte [7] de paille.

C'est Hans Peter, qui est arrivé dans l'île trois jours plus tôt et qui depuis lors va et vient, inquiétant, sans rien acheter, sans manger à l'auberge, sans coucher dans un lit, sans qu'on puisse voir enfin la couleur de son argent.

Il est bien près d'être lynché. Il ne s'en tire qu'avec des bleus [8] sur tout le corps et une plaie contuse au-dessus de l'œil. On l'enferme à la mairie, faute de prison.

---

1. **Retraité** : qui est à la retraite, qui a cessé de travailler.
2. **Girelle** (f.) : poisson de la Méditerranée.
3. **Youyou** (m.) : petit canot utilisé pour différents services de bord.
4. **Poitrine** (f.) : partie du tronc qui contient les poumons et le cœur.
5. **Tenue** (f.) : uniforme.
6. **Ceindre son écharpe** : mettre son écharpe tricolore.
7. **Botte** (f.) : ensemble de végétaux du même type, bouquet, gerbe.
8. **Bleu** (m.) : contusion qui a provoqué un épanchement sanguin superficiel.

Hans Peter

Seulement la question se complique aussitôt, car on n'a pas retrouvé le revolver : ni dans la chambre, ni dans le réduit, ni sur Peter.

Et il n'y avait pas un centime, *pas un*, dans les poches de celui-ci.

* * *

On avait fait appel à la police judiciaire et G. 7 arrivait.

Je le répète, je n'oublierai jamais la physionomie de Hans Peter tel qu'il nous apparut à ce moment.

On le sentait tellement d'une autre race ! Tellement dépaysé [1] parmi ces Méridionaux ! Et tellement pitoyable, pour tout dire !

Il avait des papiers, mais un seul coup d'œil suffisait à révéler qu'ils étaient faux, ou tripotés [2] à tout le moins.

Un de ces papiers le donnait comme Danois, un autre comme Finlandais, un troisième enfin comme Allemand du Mecklembourg.

Il était marin, ouvrier mineur [3] ou serrurier. Il y avait sur un étrange passeport des visas [4] étrangers dont un, pour autant qu'on en pût juger par les caractères indéchiffrables, était chinois.

Je crus d'abord qu'il ne parlait pas le français, mais je m'aperçus par la suite qu'il comprenait cette langue sans en perdre un mot, mais que, par contre, il ne la parlait que timidement, lentement, avec une étrange douceur qui donnait une gravité spéciale à ses moindres réponses.

---

1. **Dépaysé** : désorienté.
2. **Tripoté** : manié, manipulé, altéré.
3. **Mineur** (m.) : ouvrier qui travaille dans une mine (de charbon en particulier).
4. **Visa** (m.) : cachet apposé sur un passeport, exigé par certains pays.

Ses souliers [1] bâillaient [2], réparés avec de la ficelle [3]. Ses vêtements étaient sales, râpés [4]. Il n'avait pas de chemise et il avait remplacé son linge par un vieux tricot qu'on avait dû lui donner.

La première question de G. 7 fut :

« Qu'est-ce que vous faites ici ?

— *Je vais !...* »

C'est sa réponse textuelle. Elle s'accompagna d'un geste vague et j'avoue que je fus ému.

L'homme n'avait pas trente-cinq ans. Il n'était pas rasé depuis plusieurs jours. Ses paupières [5] étaient violemment cernées [6]. Mais son visage gardait une certaine beauté.

C'était un vagabond, certes. Mais pas un vagabond vulgaire.

« Vous avez tué ?

— Non ! Je dormais...

— À quelle heure avez-vous pénétré à l'*Oustaou ?*

— Le soir.

— Par la porte ?

— Par le mur !

— Vous n'aviez plus d'argent ?

— Rien !

— Vous n'aviez pas mangé ? »

Il ne connaissait pas le mot *oursin* [7] mais il expliqua en s'aidant de signes qu'il avait pêché de ces bêtes dans les calanques et qu'il n'avait mangé que cela depuis trois jours.

« Vous cherchiez du travail ? »

---

1. **Soulier** (m.) : chaussure.
2. **Bâiller** : être mal fermé.
3. **Ficelle** (f.) : corde très mince.
4. **Râpé** : usé jusqu'à la corde.
5. **Paupière** (f.) : chacune des membranes mobiles qui protègent l'œil.
6. **Cerné** : entouré d'un cercle bleu.
7. **Oursin** (m.) : animal marin hérissé de piquants.

Il haussa les épaules, comme si la question eût été saugrenue [1]. Il sourit, avec une sorte d'indulgence pour notre ignorance en matière de vagabondage, sans doute.

« Je n'ai pas tué. Je dormais.

— Et vous n'avez rien entendu ?

— Je dormais ! »

Ce fut tout. On n'en tira rien d'autre.

Nous visitâmes l'*Oustaou* et G. 7 s'installa dans le réduit où avait couché Hans Peter, en me demandant de tirer un coup de revolver dans la chambre de la victime.

L'instant d'après il m'affirmait : « Le sommeil le plus profond ne résisterait pas au vacarme [2] ! »

Et j'en fus déçu. Je ne sais pourquoi je m'étais pris pour Peter d'un sentiment où il y avait une bonne part de sympathie.

« Par exemple ! poursuivit l'inspecteur, je serais curieux de savoir si la porte du réduit était fermée quand le gendarme est arrivé.

— Pourquoi ? »

Il me montra la porte sans serrure, qui fermait extérieurement par un loquet [3]. Et il affirma :

« *Parce qu'elle ne ferme pas de l'intérieur !* »

La réponse du gendarme fut catégorique, confirmée par le témoin : la porte était fermée lorsqu'on découvrit Peter. Au surplus [4], si le loquet n'eût pas été mis, le panneau se fût [5] ouvert de lui-même, car il n'était pas d'aplomb [6].

---

1. **Saugrenu** : d'une absurdité déconcertante et un peu ridicule.
2. **Vacarme** (m.) : bruit très fort.
3. **Loquet** (m.) : fermeture de porte formée d'une tige mobile qui vient se bloquer dans une autre pièce fixe.
4. **Au surplus** : d'ailleurs, au reste.
5. **Si le loquet n'eût pas [...] le panneau se fût...** : si le loquet n'avait pas [...] le panneau se serait...
6. **D'aplomb** : parfaitement vertical.

G. 7 avait commencé son enquête avec une certaine nonchalance [1]. Mais cette découverte lui rendit tout son mordant [2].

Il entreprit une série d'interrogatoires qui prirent plus de deux heures.

Tandis qu'il parlait ou écoutait, je résumais ce que j'entendais par des fiches [3] que voici :

« *Fiche Bedoux.* — Justin Bedoux, célibataire, né à Hyères en 1877, d'une famille d'horticulteurs. Est parti en Indochine à vingt ans. Y a réalisé une jolie fortune et, à cinquante ans, a acheté l'*Oustaou de Diou* où il s'est installé. Aucune autre famille qu'un neveu. »

« *Fiche Maronnet.* — Jean Maronnet, fils unique de Joséphine Maronnet, née Bedoux, sœur de Justin Bedoux. Orphelin depuis l'âge de 18 ans. Âgé de 27 ans lors de la mort de son oncle. Unique héritier de celui-ci. A hérité de ses parents une fortune modeste. A épousé une femme qui avait été longtemps sa maîtresse, à Paris. Passe l'été en yacht sur la Côte d'Azur. »

Ce yacht, l'*Épatant*, était depuis un mois dans le port de Porquerolles, quand le drame éclate. Maronnet et sa femme vivaient à bord, sans domestique. Ils circulaient peu, ne faisant par beau temps que quelques promenades vers Saint-Raphaël, Toulon ou l'île de Port-Cros.

J'ai vu l'*Épatant* : un bateau blanc de huit mètres cinquante, comportant une seule cabine comme il y en a beaucoup en Méditerranée.

J'ai vu Maronnet aussi : un grand garçon mince, élégant, avec toutes les caractéristiques de ce qu'on appelle le fils à papa. J'ai même vu Maronnet et Hans Peter côte à côte, dans la maison du crime, près de l'endroit où le corps fut découvert — mais où il

---

1. **Nonchalance** (f.) : manque de vivacité.
2. **Mordant** (m.) : vivacité.
3. **Fiche** (f.) : feuille ou carton sur lequel on écrit des renseignements.

n'était plus, car il avait fallu l'enterrer deux jours plus tôt.

Est-ce à cause de mon étrange sympathie pour le gueux [1] ? Toujours est-il que [2], pour moi, cette confrontation sans paroles fut poignante [3].

G. 7 ne questionna guère [4] les deux hommes. Il se contenta de les observer.

Maronnet, de lui-même, éprouva le besoin de déclarer :

« J'avais déjà remarqué cet homme sur la jetée, où il errait des heures durant. Vous croyez que c'est lui qui a tué ?

— N'alliez-vous pas souvent à la pêche, en youyou, avec votre oncle ?

— Quelquefois.

— Vous n'avez jamais été pris par un gros temps [5] ?

— Il n'y a pas eu un seul coup de vent pendant les dernières semaines. »

G. 7 sourit, me chercha du regard.

Je compris qu'il avait trouvé la solution, lui, et j'enrageai [6] quelque peu, comme cela m'arrivait chaque fois.

(à suivre...)

---

1. **Gueux** (m.) : mendiant, pauvre.
2. **Toujours est-il que** : en tout cas, ce qu'il y a de sûr.
3. **Poignant** : qui cause une impression vive et pénible.
4. **Guère** : pas beaucoup.
5. **Gros temps** (m.) : mauvais temps, vent fort et mer agitée.
6. **Enrager** : être furieux.

ACTIVITÉS

Avant de lire le dénouement, découvrons ensemble...

... quels sont les personnages de l'histoire?

Écoutez l'enregistrement et remplissez, quand c'est possible, le tableau suivant:

	aspect physique	caractère	profession	passe-temps préféré
Hans Peter				
Justin Bedoux				
Jean Maronnet				

Écoutez l'enregistrement et complétez les phrases suivantes en cochant la bonne réponse:

1. Justin Bedoux était
   a. ☐ un homme agressif
   b. ☐ un homme tranquille
   c. ☐ un marin retraité

2. Le cadavre de Justin Bedoux a été trouvé par
   a. ☐ l'Amiral
   b. ☐ Hans Peter
   c. ☐ son neveu

ACTIVITÉS

3. Hans Peter
   a. ☐ ne sait pas le français
   b. ☐ comprend le français, mais ne le parle que très peu
   c. ☐ est français

4. Il est
   a. ☐ finlandais
   b. ☐ danois
   c. ☐ étranger, mais on ne sait pas exactement de quel pays du Nord il provient

5. Il a
   a. ☐ une cinquantaine d'années
   b. ☐ trente-cinq ans
   c. ☐ moins de trente-cinq ans

6. Jean Maronnet
   a. ☐ est très riche
   b. ☐ possède plusieurs maisons à Porquerolles et un yacht
   c. ☐ a hérité de ses parents une fortune modeste

7. Il
   a. ☐ est marié avec une femme très riche
   b. ☐ n'est pas marié
   c. ☐ est marié avec une femme qui a été longtemps sa maîtresse

Utilisez les éléments que vous avez recueillis pour rédiger une brève présentation de chaque personnage.

... quels sont les personnages soupçonnés?

- Quelle est l'attitude du narrateur à l'égard de Hans Peter?
- Quelles sont ses impressions sur Jean Maronnet?

ACTIVITÉS

- Est-ce que Jean Maronnet a des soupçons sur quelqu'un?
- Pourquoi?
- Quand Hans Peter affirme-t-il être entré dans l'*Oustaou*?
- Pourquoi dit-il qu'il n'a rien entendu?
- L'inspecteur s'installe dans le réduit et il demande au narrateur de tirer un coup de revolver. Quelle est sa conclusion?
- Est-ce que la porte du réduit est fermée quand on trouve Hans Peter? Expliquez.

... où se passe l'action?

Écoutez l'enregistrement et complétez le texte suivant:

- L'histoire se passe à ...., un .... de .... habitants au milieu d'une .... Il y a un .... pour les yachts. Les maisons ont un aspect typiquement méditerranéen. Les couleurs dominantes sont .... La végétation est luxuriante, il y a beaucoup d'arbres tels que .... Parmi les habitants, certains sont .... et passent leur temps à ....

... où a lieu le crime?

Reconstruisez les phrases suivantes:

- L'*Oustaou* est / encadré d'eucalyptus / peinte en blanc / une grande maison / avec un toit rouge.

  ....

- Merveilleusement exposée / dominant le village et le port / au flanc d'une colline / elle se dresse.

  ....

- Le corps de Justin Bedoux / à côté de son lit / l'Amiral

trouve / la poitrine sanglante.

....

- Dans un réduit / endormi sur une botte de paille / un vagabond / on découvre.

....

... quand a lieu le crime?

Relisez le texte et dites:
- quel jour s'est passé le crime.
- vers quelle heure.

Justifiez vos réponses.

Réfléchissons

- Que pensez-vous de Hans Peter?
- Qu'est-ce que vous pouvez dire sur le fait que la porte du réduit était fermée et que la porte ne ferme pas de l'intérieur?
- Quel type de vie mènent Jean Maronnet et sa femme? Quelle est leur situation économique?
- Quand Maronnet séjourne-t-il sur la Côte d'Azur? Où habite-t-il pendant son séjour?
- Pourquoi l'inspecteur demande-t-il à Maronnet si le temps a été mauvais au cours des dernières semaines?
- Quelle est la réponse de Maronnet?

G. 7 laissa les deux hommes sous la garde du gendarme, sans rien permettre de deviner de ses intentions, selon son habitude.

Dehors, il lança :

« Et voilà ! Bouclés [1] !

— Tous les deux ?

— Tous les deux, oui ! À cause de cette porte ne fermant que de l'extérieur, vous comprenez ? Hans Peter n'a donc pu s'enfermer tout seul dans le réduit, une fois le crime commis ! Et, si on l'avait enfermé contre son gré, alors qu'il était innocent, il eût protesté... C'est élémentaire... D'autant plus qu'il a entendu le coup de feu... Une seule solution : il n'a pas tué, mais il était complice... »

Nous nous promenions sur la jetée où Mme Maronnet, violemment maquillée mais plus que légèrement vêtue, se balançait [2] dans un rocking-chair [3] installé sur le pont de son yacht.

« Le couple commençait à s'impatienter, n'est-ce pas ?... Un oncle trop dur à cuire [4], capable de vivre un siècle !... Les parties de pêche sur le petit youyou... Mais pas un coup de vent permettant à Maronnet de faire passer le vieux par-dessus bord et d'expliquer ensuite cela par un coup de roulis [5]...

« Difficile de le tuer autrement, sans risques.

« C'est alors que Peter est arrivé, comme un vagabond qu'il est, par hasard, sans savoir même où il allait...

« Maronnet a compris le parti qu'il pouvait en tirer [6]. S'arranger pour que le gueux soit soupçonné... L'enquête durerait des

---

1. **Bouclé** : ici, enfermé.
2. **Se balancer** : s'incliner alternativement d'un côté et de l'autre.
3. **Rocking-chair** (m.) : fauteuil à bascule.
4. **Dur à cuire** : qui a une grande résistance physique.
5. **Roulis** (m.) : oscillation transversale d'un navire sous l'effet du mouvement ondulatoire de la mer.
6. **Tirer parti de quelque chose** : l'utiliser au mieux.

semaines, sur cette fausse piste, puis il faudrait bien relâcher Peter faute de preuve... D'autre part, il est rare qu'une instruction qui s'est éternisée dans une mauvaise direction revienne à son point de départ et trouve enfin le bon bout [1]...

« On préfère enterrer l'affaire...

« Maronnet a donc pris un arrangement avec Hans... Il l'a conduit lui-même dans le réduit... J'ignore la somme qu'il lui a promise pour se laisser accuser pendant un certain temps.

« La seule chose à laquelle il n'ait pas pensé, c'est que la porte ne fermait *que du dehors*...

« Et c'est pourquoi ce joli monsieur passera sans doute le reste de sa vie au bagne [2]... »

À quel sentiment ai-je obéi ? Au prestige du bas-fond auquel nous sommes tous plus ou moins sensibles ?

J'ai obtenu que Hans Peter soit relâché. J'ai tout fait pour obtenir ensuite ses confidences.

Mais en vain.

Il traîne ses savates quelque part, calme, presque digne, affamé.

---

1. **Le bon bout** : la bonne solution.
2. **Bagne** (m.) : lieu où étaient détenus les condamnés aux travaux forcés.

Dénouement

Répondez aux questions suivantes en cochant la bonne réponse:

1. Qui a tué Justin Bedoux?
    a. ☐ Hans Peter a tué Justin Bedoux et ensuite il a été enfermé dans le réduit par Jean Maronnet
    b. ☐ Jean Maronnet a tué Justin Bedoux. Hans Peter, pour ne pas être vu, s'est enfermé dans le réduit
    c. ☐ Jean Maronnet et Hans Peter étaient complices. Jean Maronnet a enfermé Hans Peter dans le réduit pour le faire soupçonner et il a tué son oncle

2. Pourquoi Justin Bedoux a-t-il été tué dans sa maison?
    a. ☐ l'assassin pouvait ainsi enfermer Hans Peter dans le réduit
    b. ☐ l'absence de vent n'avait pas permis au neveu de le faire tomber à l'eau pendant une partie de pêche et de faire croire à un accident
    c. ☐ parce qu'une tentative de meurtre au cours d'une partie de pêche avait échoué

3. Pourquoi Hans Peter se laisse-t-il accuser?
    a. ☐ parce qu'il a reçu une énorme somme d'argent
    b. ☐ par amitié pour Jean Maronnet
    c. ☐ parce qu'il savait que, sans preuves, il ne pourrait pas être condamné

4. Quel détail le coupable n'a-t-il pas pris en considération?
    a. ☐ Hans Peter aurait pu témoigner contre lui
    b. ☐ la porte du réduit ne fermait que de l'extérieur
    c. ☐ il est impossible, du réduit, de ne pas entendre un coup de revolver

7

LE CHIEN JAUNE

UNE sale affaire ! Je le sentis dès notre arrivée, par un temps gris, pluvieux, dans ce village en heim des environs de Mulhouse. Il soufflait un vent d'ouest qui nous plaquait l'eau du ciel, par paquets, sur les vêtements et sur le visage. Nous étions boueux [1]. Une de mes semelles avait renoncé soudain à être imperméable.

« Naturellement, tous les rideaux bougent ! » grondai-je.

C'était vrai. Le village où nous étions n'ayant pas de gare, nous venions à pied d'un autre patelin [2] situé à sept kilomètres, dans la vallée. Nous avions été dépassés par deux cyclistes et par une charrette attelée d'un cheval. Et nous étions signalés ! À notre passage, les rideaux frémissaient. Des gens éprouvaient le besoin de sortir de chez eux sous prétexte de jeter une poignée de maïs aux poules.

Pas de saluts. Des regards soupçonneux.

Je commençais à avoir l'expérience de ces sortes d'affaires, et cela se passa exactement comme je prévis à cet instant que cela se passerait ; des réticences, des accusations détournées [3], des rétractations, de la défiance surtout ! Une défiance épaisse, insondable, incompréhensible et décourageante.

Six cents habitants dans le village. Quatre cents ne parlant que l'allemand ou plutôt le patois [4] du Haut-Rhin.

Deux églises : l'une protestante, avec un pasteur suisse, l'autre catholique.

---

1. **Boueux** : plein de boue, de terre mêlée à l'eau.
2. **Patelin** (m.) : (familier) village.
3. **Détourné** : qui s'exprime indirectement.
4. **Patois** (m.) : parler rural utilisé par un groupe restreint.

Enfin, des haines [1] et des jalousies à vous dégoûter à jamais de l'humanité et en tout cas de la campagne.

En été, le site devait être admirable. Mais nous étions en novembre. Il y avait des courants d'air partout entre ces collines en marches d'escalier. Le ciel bouché [2]. De l'eau dégoulinant [3] des nuages et des pentes.

« D'abord, on a entendu hurler le chien jaune ! »

Je me souviens de la phrase, parce que c'est la première phrase que nous entendîmes au cours de l'interrogatoire. Nous devions l'entendre par la suite à nous en faire tinter les oreilles.

« Quel chien jaune ? »

Nous étions dans le bureau du maître d'école, transformé pour quelque temps en cabinet d'instruction.

Le témoin, un domestique de ferme qui mélangeait dans ses discours le français et le bas-allemand, étreignait fiévreusement ses mains.

« Le chien jaune ! Celui qu'on entend chaque fois...

— Racontez-moi les événements...

— Les patrons venaient de se coucher... J'étais dans la grange [4], à cent mètres derrière la maison, où j'ai mon lit... J'ai entendu le chien jaune et presque aussitôt après un grand cri... Je me suis caché dans la paille... C'est le matin seulement que... »

G. 7 me regarda d'une façon significative, et je vis qu'il avait la même opinion que moi sur l'enquête qui commençait. Comme il me l'avait dit cent fois, il vaut mieux avoir affaire aux plus rusés malfaiteurs qu'aux paysans les plus naïfs, et les crimes de villages sont ceux à l'étude desquels on se casse davantage la tête.

Ces mains agitées, ces regards inquiets lancés vers la porte, ces phrases non terminées, ces évocations du chien jaune enfin et ces allusions à quelque mystère surnaturel, nous devions les

---

1. **Haine** (f.) : sentiment violent qui fait désirer le malheur de quelqu'un.
2. **Bouché** : encombré, obstrué.
3. **Dégouliner** : s'écouler goutte à goutte ou en filet.
4. **Grange** (f.) : bâtiment où l'on met le foin, la paille, le grain...

Le chien jaune

retrouver à chaque pas au cours de l'enquête.

Les faits, en eux-mêmes, étaient pourtant simples. Sept jours plus tôt, un fermier et sa femme avaient été trouvés assassinés à coups de barre de fer dans leur chambre. Le vol était le mobile du crime. Le valet de ferme, François, que nous venions d'interroger, avait entendu du bruit, mais avait passé la nuit à claquer des dents [1] dans la grange.

Un mois auparavant, un crime en tous points analogue avait été commis à deux kilomètres de là, sur la personne, cette fois, d'une vieille femme vivant seule depuis que son fils unique faisait son service militaire.

Enfin, trois semaines avant, autre crime : trois victimes, dont une fillette de treize ans, souillée [2] par surcroît [3].

Chaque fois il était question d'un grand chien jaune aux poils hérissés [4], à la voix rauque, aux yeux phosphorescents, que quelqu'un avait vu ou entendu aux environs des lieux du crime.

Quatrième méfait : deux mois plus tôt, un nommé Libert, maréchal-ferrant [5], dont la forge [6] et l'habitation se trouvaient à l'entrée du village du côté de la vallée, et qui vivait seul depuis la mort de sa femme remontant à dix années, avait été réveillé au milieu de la nuit par des bruits insolites.

Il avait aperçu une forme sombre dans sa chambre. Il avait sauté de son lit et il avait frappé. C'était un homme puissant, et pourtant, en l'occurrence, il fut moins fort que le voleur, qui parvint à s'enfuir [7].

---

1. **Claquer des dents** : ici, avoir peur ou bien avoir froid de telle manière que les dents s'entrechoquent.
2. **Souillée** : violée.
3. **Par surcroît** : de plus, en outre.
4. **Hérissé** : dressé.
5. **Maréchal-ferrant** (m.) : artisan dont le métier est de ferrer les chevaux.
6. **Forge** (f.) : atelier où l'on travaille les métaux au feu et au marteau.
7. **Parvenir à s'enfuir** : réussir à s'échapper.

Mais Libert put voir distinctement un chien jaune qui accompagnait le visiteur nocturne comme une ombre...

Tous ces détails, nous mîmes des heures à les apprendre, à les débarrasser surtout des commentaires qui les noyaient.

Pas une déposition franche et nette, sauf peut-être celle de Libert, qui n'avait pas la mine d'un homme superstitieux, capable de se laisser influencer par des histoires de chien jaune.

Comme il le disait, sa vigueur seule devait l'avoir sauvé de la mort, et il en était quitte pour [1] la perte des quelques centaines de francs que le bandit avait volés dans sa chambre.

L'attitude du restant de la population était d'autant plus crispante qu'en effet l'affaire était extrêmement grave.

Cinq morts en quelques semaines ! Et pas une trace ! Pas un indice !

On se trouvait en face d'un voleur de la pire catégorie, tuant sans la moindre vergogne, sans même s'inquiéter de l'importance du butin.

Comment s'étonner de la prudence des gens qui s'enfermaient chez eux dès la tombée du jour, c'est-à-dire dès trois heures de l'après-midi ?

Si vous frappiez à une porte, vous entendiez le bruit caractéristique d'un fusil que l'on décroche [2] !

« Mais enfin, existe-t-il un chien jaune dans le pays ?

— Il y a celui-là !

— Vous l'avez vu ?

— Il y en a qui l'ont vu...

— Je demande si on l'a vu en dehors des quatre affaires en question... »

Les gens ne comprenaient pas ou feignaient [3] de ne pas comprendre. L'obligation de se servir du curé comme interprète

---

1. **En être quitte pour...** : n'avoir eu à supporter comme inconvénient que...
2. **Décrocher** : détacher du mur.
3. **Feindre** : faire semblant.

compliquait encore les choses et provoquait la méfiance des témoins protestants.

C'était à s'arracher les cheveux de la tête. Tant et si bien que G. 7 pria le maire de faire amener tous les chiens du pays, à trois lieues [1] alentour.

On dut pour cela s'aboucher [2] avec les maires des territoires voisins. Il y eut des frictions.

Mais enfin, le surlendemain matin, près de quatre cents chiens étaient réunis en face de la mairie, tandis que régnait une atmosphère de révolution.

Libert était l'homme qui semblait avoir vu le chien en question de plus près. On lui fit faire le tour de la ménagerie [3].

« Non, l'autre était d'un jaune *qui n'était pas un jaune de chien !* Un vrai jaune ! Jaune comme... comme un serin [4], par exemple ! »

Un jaune de chien ! Ces mots me frappèrent.

« Dites donc ! soufflai-je à G. 7, vous ne croyez pas que ce chien jaune soit une bonne invention de l'assassin ? Un moyen d'impressionner des gens déjà enclins aux superstitions, de les terroriser au point d'empêcher toute résistance ?... N'importe quel chien passé à l'ocre jaune... »

Il avait eu la même idée que moi et je le vis passer ses ongles dans les poils des animaux réunis, avec l'espoir, sans doute, d'y trouver un reste de teinture.

Libert avait dit aussi :

« Il avait les poils hérissés... »

Et nous cherchions les poils susceptibles de se hérisser. Nous n'avions pas envie de rire, si saugrenue que notre occupation pût paraître.

Nous étions entourés de visages graves, hermétiques. Des

---

1. **Lieue** (f.) : ancienne mesure de distance (environ 4 kilomètres).
2. **S'aboucher** : entrer en relation avec quelqu'un.
3. **Ménagerie** (f.) : lieu où sont rassemblés des animaux.
4. **Serin** (m.) : petit oiseau dont une espèce possède un plumage jaune vif.

centaines d'yeux étaient fixés sur nous.

Et on semblait attendre le miracle : l'arrivée du chien jaune et de l'assassin !

Était-ce l'âpreté du décor ? Ou bien la nervosité est-elle à ce point contagieuse ?

J'en arrivais non à croire à quelque événement surnaturel, mais à imaginer des êtres extraordinaires : un assassin tout à fait hors de pair, une sorte de brigand farouche vivant seul dans la montagne avec son invraisemblable chien jaune...

« Tenez !... Il ressemble un peu à celui-là... Mais en plus jaune... »

Libert nous montrait un grand berger d'Alsace mâtiné de saint-bernard, qui avait de cette dernière race les lippes [1] pendantes et rougeâtres.

Il était roux, mais pas jaune. L'homme qui le tenait en laisse répondit avec une mauvaise grâce évidente aux questions de G. 7.

Il était bûcheron de son métier. La gendarmerie l'accusait de tirer le plus clair de [2] ses ressources du braconnage. Sa maison, plus semblable à une hutte qu'à une habitation du XXe siècle, se dressait en plein bois.

Il y vivait avec sa femme et une dizaine d'enfants pour le moins, dans un désordre, dans une saleté dont on se ferait difficilement idée.

Il faut un événement de ce genre pour éclairer la vie véritable, secrète de ces villages qui ont des dehors si simplets et si reposants.

C'est ainsi qu'on apprenait que le bûcheron, qui s'appelait Peterman, avait en réalité deux femmes : la mère des enfants et l'aînée des jeunes filles qui n'était pas sa fille, mais une concubine acceptée par l'épouse légitime.

---

1. **Lippe** (f.) : lèvre inférieure épaisse.
2. **Le plus clair de** : la plus grande partie de.

Le chien jaune

Quelques heures plus tard, nous fouillions cet antre plein de vermine [1] où grouillaient [2] au surplus des chats et des merles apprivoisés [3].

Nous ne trouvâmes rien, sinon des collets [4] et un fusil démontable pouvant être caché dans les poches d'un veston et tirer du gros plomb [5] de chasse.

« Le chien jaune !... Cela devient un cauchemar [6] !... Vous ne commencez pas à en avoir assez, vous ?... Moi, je sens que si je reste huit jours dans le pays, je me mettrai à croire non seulement aux chiens jaunes, mais aux revenants [7]... Il n'y a même pas moyen de savoir exactement qui l'a vu et qui l'a entendu... »

Et nous continuions à errer — nous devions être lamentables ! — dans cette atmosphère opaque que créaient les maisons trop hermétiquement closes, les gens parlant bas et marchant à pas feutrés [8], la tête en avant, comme aux aguets [9].

Pour tout dire, je m'attendais à un nouveau crime. Je m'attendais à entendre hurler le fameux chien, à la tombée de la nuit.

Il restait bien des maisons isolées autour du village, bien des fermes prospères, susceptibles de fournir un riche butin.

Il est vrai que, dans la plupart de celles-ci, nous devions l'apprendre par la suite, un homme au moins restait debout toutes les nuits derrière la porte, sans lâcher son fusil !

Encore une fois, de loin, cela semble absurde.

---

1. **Vermine** (f. sing.) : insectes parasites de l'homme et des animaux tels que puces, poux...
2. **Grouiller** : s'agiter en tous sens de façon confuse, et en grand nombre.
3. **Apprivoiser** : rendre familier, domestique.
4. **Collet** (m.) : lacet servant à piéger le menu gibier.
5. **Le gros plomb** (m.) : balles sphériques pour tirer le gros gibier.
6. **Cauchemar** (m.) : rêve pénible et angoissant.
7. **Revenant** (m.) : esprit d'un mort qu'on suppose revenir de l'au-delà.
8. **Feutré** : silencieux, discret.
9. **Être aux aguets** : être attentif et sur ses gardes.

Mais de près !... Avec le vent ! Avec la pluie ! Avec les montagnes désolées et ces hommes robustes, aux traits durs, s'entretenant au surplus dans un patois incompréhensible...

G. 7 n'était sur aucune piste. Du moins, l'emploi de notre temps était-il désordonné et passions-nous le plus clair de nos journées à errer dans le village et ses alentours.

« Enfin, ce chien jaune doit pourtant... commençai-je le quatrième jour au soir.

— Laissez-moi tranquille avec le chien jaune ! gronda-t-il. Je ne veux plus en entendre parler... Je...

— Vous abandonnez ? »

Il m'écrasa du regard.

« J'arrête l'assassin dans une heure ! martela-t-il [1]. Venez, si vous voulez voir ça... »

(à suivre...)

---

1. **Marteler** : ici, prononcer en détachant les syllabes.

ACTIVITÉS

Avant de lire le dénouement, découvrons ensemble...

... quels sont les personnages de l'histoire?

Relisez le texte et remplissez le tableau suivant avec les indications recueillies sur les différents personnages:

Le domestique de la ferme, François
Les victimes de l'assassinat à la ferme
Les victimes des crimes précédents
Libert
Peterman
Le chien

Complétez les phrases suivantes:

- François, le domestique de la ferme où a eu lieu le dernier crime, n'a trouvé les cadavres que .... parce que .... Les victimes des crimes précédents étaient .... Libert, qui prétend avoir vu distinctement .... , n'a pourtant pas réussi à ....

... quels sont les personnages soupçonnés?

- Chez qui l'inspecteur se rend-il?
- Est-ce qu'il trouve quelque chose d'important pour la solution des crimes?

... où se passe l'action?

Reconstruisez les phrases suivantes:

- L'histoire / dans un village / en Alsace / aux environs de Mulhouse / et plus précisément / se passe.

  ....

- Avait six cents habitants / dont la plupart / le village / l'allemand ou le patois du Haut-Rhin / ne parlaient que.

  ....

- L'une protestante / deux églises / l'autre catholique / également / il y avait.

  ....

- D'interprète / le curé / servait.

  ....

... où ont lieu les crimes?

	lieu	type de crime
Le premier crime		
Le deuxième crime		
Le dernier crime		
L'épisode arrivé à Libert		

... quand a lieu le dernier crime?

- En quelle saison l'histoire se passe-t-elle? Soulignez toutes les phrases se référant à cette période de l'année.
- Dites combien de temps s'écoule entre le dernier crime et le début de l'enquête.

Réfléchissons

- Croyez-vous que le chien jaune existe vraiment?
- Pourquoi l'inspecteur demande-t-il au maire de faire amener tous les chiens du village et des villages voisins?
- Est-ce qu'il parvient à découvrir quelque chose en passant ses doigts dans les poils des chiens?

« Holà ! Libert !... »

Nous étions arrêtés devant la forge. G. 7 restait sur le seuil et appelait le maréchal-ferrant qui, me sembla-t-il, le regarda avec méfiance.

« Venez donc voir le chien que je viens de trouver... Je crois que c'est notre animal... »

L'autre hésita, retira son tablier de cuir, nous suivit d'une démarche lourde. Chemin faisant, il essaya deux ou trois fois de nouer la conversation, mais G. 7 laissait chaque fois tomber celle-ci à plat.

Nous arrivâmes à la mairie, dont l'inspecteur ouvrit la porte.

« Entrez !... »

Il faisait passer notre compagnon le premier. Celui-ci murmura :

« Le chien est ici ? »

Il avait à peine fait trois pas qu'il s'aperçut qu'il n'y avait aucun animal. Et ce fut rapide, prodigieux. L'homme se retourna. Il rugit. Il s'élança de toute sa masse puissante vers G. 7.

Il l'eût écrasé s'il fût parvenu à l'atteindre. Mais mon ami avait dû prévoir le geste. Il n'avait pas lâché la poignée de la porte. Il referma celle-ci à temps et la brute [1] ébranla [2] en vain l'huis [3], hurlant en des paroles rageuses.

« Vous comprenez maintenant ? Dire que je me suis donné le ridicule d'organiser une véritable foire aux chiens ! De quoi perdre ma réputation si cela venait à se savoir à Paris...

« J'aurais dû admettre dès le début que, du moment que le chien était d'un si beau jaune, du moment qu'il apparaissait avec tant de régularité, *c'est qu'il n'existait pas...*

« J'ai fait l'imbécile ! J'ai cherché le chien jaune, inventé par Libert... Un malin [4] !... Avant de commencer la série de ses coups,

---

1. **Brute** (f.) : personne grossière, violente.
2. **Ébranler** : provoquer des secousses, des vibrations.
3. **Huis** (m.) : porte.
4. **Malin** (m.) : personne astucieuse.

il a voulu être sa propre victime, sûr, ainsi, qu'il ne serait jamais soupçonné...

« Pour établir un signalement caractéristique du bandit, il a créé de toutes pièces [1] le chien jaune...

« Lors de son premier vrai crime, il lui a suffi d'imiter un aboiement et tout le monde a parlé du chien jaune...

« Celui-ci se mit à vivre dans l'imagination populaire mieux que s'il eût vécu réellement...

« Chacun l'a entendu ! Chacun l'a vu !... C'est tellement humain ! Le poil hérissé ! Le regard fulgurant !...

« Sans compter que le chien jaune, par la même occasion, détournait les soupçons vers un homme mal coté [2], vers ce Peterman possédant un chien à tout le moins jaunâtre...

« Libert connaissait bien son village, je vous le jure ! »

Le lendemain matin, comme nous allions prendre notre train, le maire nous annonçait que le maréchal-ferrant, qui avait ébranlé toute la nuit la porte de sa prison, avait fini par se fracasser le crâne sur celle-ci.

---

1. **Créer de toutes pièces** : inventer entièrement, sans fondement réel.
2. **Mal coté** : peu apprécié.

Dénouement

Répondez aux questions suivantes en cochant la bonne réponse:

1. Pourquoi l'inspecteur conduit-il Libert à la mairie?
   - **a.** ☐ pour lui montrer le chien qu'il a trouvé
   - **b.** ☐ pour voir sa réaction quand ce dernier s'aperçoit qu'il n'y a aucun chien
   - **c.** ☐ pour entamer la conversation avec lui

2. Est-ce que le chien jaune existe vraiment?
   - **a.** ☐ non, il a été inventé par Libert
   - **b.** ☐ c'est un chien que Libert a passé à l'ocre jaune
   - **c.** ☐ oui, c'est le chien jaunâtre de Peterman

3. Qu'a fait Libert?
   - **a.** ☐ il a pris le chien de Peterman
   - **b.** ☐ il a commis des crimes à l'aide de son chien
   - **c.** ☐ il a inventé l'histoire du chien et il a fait semblant d'être la première victime

4. Sur quoi Libert pouvait-il compter lorsqu'il a inventé son histoire?
   - **a.** ☐ sur sa force
   - **b.** ☐ sur sa ruse
   - **c.** ☐ sur l'imagination populaire

5. Quel a été son sort?
   - **a.** ☐ il a été emprisonné
   - **b.** ☐ il est mort
   - **c.** ☐ il s'est fracassé le crâne contre la porte de sa cellule

8

L'INCENDIE DU PARC MONCEAU

C'ÉTAIT le 14 septembre. À une heure du matin, un garde de nuit, faisant partie d'une de ces organisations privées qui se chargent de la surveillance des immeubles [1], téléphone au commissariat du quartier du Roule.
« Voulez-vous envoyer des agents rue Murillo... »

Et il explique qu'il a vu des lumières circuler dans l'hôtel particulier de M. Biget-Mareuil, alors que ce dernier fait une cure à Vichy avec sa femme et que les domestiques ont déjà gagné [2] le château du Cher où les maîtres doivent passer le mois d'octobre.

L'hôtel est donc vide. Le garde a cru un instant au retour du propriétaire ou d'un des serviteurs, mais il a sonné en vain à la porte. Au surplus, c'est par un soupirail de cave qu'en dernier lieu il a aperçu des lueurs semblables à celles d'une lampe électrique de poche.

Au commissariat, il n'y avait qu'un secrétaire, qui alerta téléphoniquement son chef et celui-ci, par égard pour M. Biget-Mareuil, une des personnalités marquantes du quartier, se dérangea.

Une demi-heure plus tard donc, le commissaire et trois agents rejoignaient le garde qui leur affirmait :

« Les voleurs doivent être toujours là. Il n'est sorti personne. J'ai fait surveiller la grille qui, derrière l'immeuble, sépare le jardin de celui-ci du parc Monceau. »

Coups de sonnette. Pas de réponse. La porte est forcée. On va droit vers les caves où l'on n'entend aucun bruit.

Dans la seconde cave, pourtant, au beau milieu du sol de terre

---

1. **Immeuble** (m.) : édifice à plusieurs étages.
2. **Gagner** : rejoindre (un lieu).

battue, on trouve un trou de plus d'un mètre de long sur cinquante centimètres de large et autant de profondeur.

Dans la troisième cave, idem. Quelque chose remue derrière un tas de charbon. On sort les revolvers.

« Haut les mains !... »

Et M. Biget-Mareuil en personne paraît, une bêche [1] à la main, le visage noir de charbon, les ongles pleins de terre, l'air piteux.

Encore une fois je n'étais pas là, ni G. 7, mais je n'ai aucune peine à imaginer l'embarras du fonctionnaire, les bafouillements [2], les excuses, ni le tremblement de la voix du maître de maison quand il donna cette explication invraisemblable :

« Je suis revenu pour mettre en lieu sûr quelques objets de valeur... »

On le laissa seul. On ne pouvait faire autrement. Mais, à six heures du matin, G. 7 était prié de mener une enquête discrète. Et à huit heures, dans son bureau, il me disait d'une petite voix sèche qui ne présageait rien de bon :

« L'hôtel brûle toujours ! On craint pour les immeubles voisins. On s'est seulement aperçu de l'incendie vers cinq heures et demie et il était déjà trop tard... »

Nous avons regardé brûler l'hôtel, tout comme les badauds [3], à cette différence près que nous étions à l'intérieur du cordon d'agents [4] et que les vulgaires curieux étaient à l'extérieur.

Mais c'était tout au plus une différence de quelques mètres. Impossible d'approcher des murs brûlants qui croulaient les uns après les autres.

---

1. **Bêche** (f.) : outil de jardinage constitué d'un fer et d'un manche.
2. **Bafouillement** (m.) : propos confus et incohérent.
3. **Badaud** (m.) : passant curieux.
4. **Cordon d'agents** : ensemble d'agents de police alignés pour retenir la foule.

L'incendie du Parc Monceau

Les pompiers nous bousculaient [1], nous criaient sans cesse de nous garer [2]. Leur lieutenant expliquait à mon compagnon :

« Ce que vous voyez à gauche de la porte principale est le garage particulier de M. Biget-Mareuil. C'est dans ce garage qu'on a pris l'essence qui a servi à allumer l'incendie. On l'a transportée dans les caves... On a entassé en outre des matières inflammables...

— Aucun doute n'est possible ? C'est bien un incendie volontaire ?

— Et comment donc !...

— Croyez-vous que celui qui en est l'auteur ait eu le temps de fuir ?

— Sans peine ! Il a même pu jeter son brandon [3] de la rue, par le soupirail, sur l'essence préparée... »

Le commissaire, lui, qui sentait sa responsabilité engagée, expliquait pour la centième fois son attitude.

« Qu'est-ce que je pouvais faire d'autre ? Pas l'arrêter, pourtant ! Chaque citoyen a le droit de bêcher dans sa cave... »

Ce qui est parfaitement exact ! Et il est assez délicat de demander des comptes à un M. Biget-Mareuil.

Il y a eu des Mareuil ministres et même un Mareuil président du Sénat. Les Biget, eux, se sont plus particulièrement illustrés dans la magistrature assise [4].

Fortunes colossales, mais invisibles, en quelque sorte, de gens qui vivent aussi simplement que des rentiers de petites villes.

Le commissaire nous renseignait toujours :

« Le père est mort voilà un mois... Il était veuf depuis quelques années, impotent, cloîtré [5] dans son appartement du premier

---

1. **Bousculer** : pousser, heurter.
2. **Se garer** : ici, se mettre à l'écart, à l'abri.
3. **Brandon** (m.) : flambeau, corps enflammé.
4. **Magistrature assise** : les juges, par rapport à la «magistrature debout», c'est-à-dire le ministère public.
5. **Cloîtré** : enfermé.

étage. Le Biget-Mareuil actuel est fils unique.

— Marié, à ce que j'ai entendu dire ? questionna G. 7.

— Depuis trois ans seulement, bien qu'il ait largement dépassé la quarantaine. Une mésalliance [1]. Il a épousé une ancienne cuisinière de son père. Celui-ci, paraît-il, refusait de la voir, bien qu'ils vécussent dans la même maison.

— Elle est toujours à Vichy ?

— Je lui ai télégraphié, il y a quelques minutes. J'attends son arrivée... »

G. 7, que je ne quittais pas d'une semelle [2], parlait aux uns et aux autres, et peu à peu il parvenait à compléter le portrait des hôtes de la maison.

C'était lent. Chacun n'apportait au tableau qu'une petite touche [3] et souvent il fallait réviser l'ensemble.

Biget-Mareuil père, celui qui était mort un mois plus tôt, fut le premier à se préciser à notre esprit. Un grand bourgeois vieille race, celui-là, froid, sévère, impitoyable même.

C'était un Biget, qui avait épousé une Mareuil. Il menait assez grand train [4] et un vieillard nous parla des réceptions qui se donnaient en l'hôtel de la rue Murillo, vingt-cinq ans plus tôt, alors que Mme Biget-Mareuil était toujours belle.

Car elle avait été une des plus jolies femmes de Paris.

Soudain les réceptions avaient cessé. On disait que son mari était devenu, du jour au lendemain, d'une jalousie féroce.

Mais la famille donna une explication plus simple et plus plausible. Mme Biget-Mareuil était en proie à un mal qui la rongeait lentement. Tuberculose ? Cancer ? Carie d'os ?

On n'en sut rien. Dans ce monde-là, on est avare de confidences. Elle vieillit rapidement, mourut dix ans plus tard, à

---

1. **Mésalliance** (f.) : mariage avec une personne de condition inférieure.
2. **Ne pas quitter d'une semelle** : suivre partout.
3. **Touche** (f.) : coup de pinceau; ici, élément nouveau.
4. **Mener grand train** : vivre luxueusement.

peu près au moment où son mari était cloué [1] dans sa chambre par la paralysie.

On nous dit que ces dernières années furent insupportables pour son entourage, à cause de son caractère acariâtre [2], volontaire, de ses colères subites [3] qui éclataient jusqu'à trois ou quatre fois par jour et dont on entendait les éclats dans la maison tout entière.

Biget-Mareuil fils ?

Le portrait qu'on nous en fit eut moins de relief. Il était plutôt de ceux dont on ne parle guère. Né dans une autre famille il eût fait, semble-t-il, un bon petit fonctionnaire.

Un homme médiocre. Pas de défauts saillants [4]. Pas de qualités remarquables.

Il collectionnait les timbres-poste et ce fut sa plus grande satisfaction, car il paraît qu'il en possédait de remarquables, n'existant qu'en trois ou quatre exemplaires et valant des fortunes [5].

Le dernier renseignement qu'on nous donne est-il exact ? Toujours est-il que le trait [6] suffit à lui seul à camper [7] le bonhomme.

Il n'aurait jamais [8] connu d'autre femme que la sienne. Il serait devenu son amant à dix-sept ou dix-huit ans, alors qu'elle était une jeune et accorte [9] cuisinière, et cette idylle aurait duré jusqu'à

---

1. **Cloué** : ici, obligé de rester.
2. **Acariâtre** : aigre et querelleur.
3. **Subit** : qui arrive de façon rapide et imprévue.
4. **Saillant** : qui appelle l'attention, marquant.
5. **Valoir une fortune** : être extrêmement précieux.
6. **Trait** (m.) : caractéristique.
7. **Camper** : représenter, peindre.
8. **Il n'aurait jamais...** : le conditionnel souligne ici qu'il s'agit d'une supposition.
9. **Accort** : gracieux, vif.

sa maturité.

Sur les instances de la femme, il se serait alors décidé à l'épouser, bien qu'il eût toujours déclaré qu'il attendrait la mort de son père.

Elle arriva à midi, en auto. Une petite personne en deuil [1], plutôt vilaine [2], paraissant davantage que les cinquante ans qu'elle avouait. Un visage vulgaire, mais énergique. Une façon désagréable de se remuer tout le temps, de parler plus haut que les autres, d'apostropher les gens comme s'ils eussent été tous ses domestiques.

« Biget-Mareuil a certainement été attiré dans un guet-apens [3] ! » affirma-t-elle.

Car elle avait l'habitude, commune à beaucoup de femmes du peuple qui font un mariage inespéré, d'appeler son mari par son nom de famille.

« Qu'est-ce qui vous fait supposer cela ?

— Supposer ? Mais j'affirme !... Depuis trois semaines, il n'était plus le même homme... Exactement depuis que, quelques jours après la mort du vieux, nous avons quitté Paris pour Vichy, où nous avons notre villa...

— Il était nerveux ?

— Il n'avait pas d'appétit. Et il parlait tous les jours d'un voyage qu'il devait faire à Paris pour affaires... Il se plaignait, prétendait que les formalités de succession sont un vrai casse-tête chinois [4] et que cela n'en finirait jamais...

— Il n'a jamais parlé de se suicider ?

---

1. **En deuil** : qui porte des vêtements noirs après la mort d'un parent.
2. **Vilain** : laid.
3. **Guet-apens** (m.) : piège.
4. **Casse-tête** (m.) **chinois** : problème dont la solution est difficile à trouver.

— Lui ? Se suicider ? Et pourquoi donc ? Il était heureux comme un coq en pâte [1]... Et sans ces histoires de notaire... Mais je devine ce qui se passe... Le vieux ne pouvait pas me sentir [2] et je parie qu'il s'est vengé de moi en laissant un testament compliqué... »

Les domestiques n'étaient pas encore à Paris. Nous vîmes le notaire, un homme calme, regardant la vie de très haut.

« Des complications ? Nullement ! Quelques legs [3] à de vieux serviteurs... Mais M. Biget-Mareuil fils hérite normalement de toute la fortune de son père...

— Aucune clause spéciale ?

— Absolument aucune. Quant à la lettre contenant les dernières volontés, je ne l'ai pas lue... Je l'ai remise à M. Gérard.

— Il y avait une lettre !

— Le cas est fréquent. On ne sait ni où, ni quand on meurt, n'est-ce pas ? M. Biget-Mareuil avait accompagné son testament d'une lettre pour son fils...

— Celui-ci l'a lue devant vous ?

— Non...

— Vous ne vous doutez pas de...

— Je ne me doute de rien du tout... »

Trois jours après nous étions tout aussi avancés [4]. Des policiers avaient fouillé les décombres [5] de l'hôtel. Nous y avions pataugé [6] des heures durant, G. [7] et moi.

Enfin les recherches faites pour retrouver M. Biget-Mareuil étaient restées vaines. On ne signalait son passage nulle part, ni dans les hôtels, ni dans les gares, ni aux frontières.

---

1. **Heureux comme un coq en pâte** : très heureux.
2. **Ne pas pouvoir sentir quelqu'un** : ne pas l'aimer, ne pas le supporter.
3. **Legs** (m. sing.) : bien laissé par testament.
4. **Tout aussi avancés** : au même point.
5. **Décombres** (m. pl.) : restes, ruines.
6. **Patauger** : marcher sur un sol boueux ; ici, sur les ruines de l'hôtel.

Je renonce à me faire l'écho des suppositions qui virent le jour. Il y en eut de toutes sortes, depuis celle qui voulait que, dans les caves, M. Biget-Mareuil, la fameuse nuit, fût en train de creuser sa propre tombe, jusqu'à celle qui l'accusait d'assassinat.

Mais assassinat de qui ?

La domesticité était au complet. M. Biget-Mareuil n'avait ni amis, ni maîtresses.

Oh ! les clameurs de l'ex-cuisinière quand G. 7 eut le culot [1] de lui poser cette question !

Je crus qu'elle allait étouffer [2], ou étrangler mon compagnon !

Pas de cadavre dans les débris [3]. Il est vrai que c'était un amoncellement [4] de béton, de pierres, de briques [5], de planches [6] et d'objets de toutes sortes, d'où émergeaient des bouts de ferraille tordue.

G. 7 ne me disait rien. Pourtant je sentais qu'il avait son idée. Et il n'y eut aucun étonnement sur son visage le jour où Mme Biget-Mareuil vint nous mettre sous le nez — le mot décrit exactement le geste — un télégramme d'Athènes.

« *Suis victime odieuse méprise* [7] *stop T'expliquerai plus tard stop Envoie urgence mandat* [8] *télégraphique poste restante* [9] *Athènes.*

« *Gérard.* »

1. **Culot** (m.) : (familier) audace.
2. **Étouffer** : empêcher de respirer, suffoquer.
3. **Débris** (m.) : ruine.
4. **Amoncellement** (m.) : entassement, accumulation.
5. **Brique** (f.) : bloc de terre argileuse servant à construire les murs d'une maison.
6. **Planche** (f.) : pièce de bois plate.
7. **Méprise** (f.) : erreur.
8. **Mandat** (m.) : titre postal de paiement qui permet au destinataire de recevoir une somme d'argent versée par l'expéditeur.
9. **Poste** (f.) **restante** : service qui permet de retirer le courrier à un bureau de poste au lieu de le recevoir à domicile.

L'incendie du Parc Monceau

Je ne sais pourquoi je me mis à rire, à l'idée du bonhomme qu'on nous avait décrit, circulant sans un sou dans les rues d'Athènes, sans bagage, sans passeport, et allant d'heure en heure à la poste demander si son mandat était arrivé.

(à suivre...)

Avant de lire le dénouement, découvrons ensemble...

... quels sont les personnages de l'histoire?

 Après avoir écouté l'enregistrement, remplissez le tableau suivant avec les indications recueillies sur les différents personnages:

M. Biget-Mareuil
M. Biget-Mareuil père
Mme Biget-Mareuil
Mme Biget-Mareuil mère

Écoutez l'enregistrement et complétez les phrases suivantes en cochant la bonne réponse:

1. M. Biget-Mareuil est issu d'une famille
   a. ☐ de petits rentiers
   b. ☐ de grands bourgeois très riches
   c. ☐ d'ancienne noblesse

2. Il
- a. ☐ est fils unique
- b. ☐ a deux frères
- c. ☐ a une sœur

3. Il a environ
- a. ☐ 50 ans
- b. ☐ 30 ans
- c. ☐ 40 ans

4. C'est un homme
- a. ☐ de succès
- b. ☐ qui a beaucoup de défauts
- c. ☐ médiocre, dont on ne parle pas

5. Il aime
- a. ☐ s'occuper de politique
- b. ☐ mener une vie luxueuse
- c. ☐ collectionner des timbres-poste

6. Il a épousé
- a. ☐ une femme plus riche que lui
- b. ☐ une ancienne cuisinière de son père
- c. ☐ une femme qu'il a connue il y a un an

7. Mme Biget-Mareuil
- a. ☐ est très jeune
- b. ☐ est plus âgée que son mari
- c. ☐ a environ 40 ans

8. C'est une femme
- a. ☐ charmante
- b. ☐ plutôt vulgaire
- c. ☐ très timide

9. M. Biget-Mareuil père
   a. ☐ a mené une vie luxueuse jusqu'à sa mort
   b. ☐ a dû arrêter toute activité car il est tombé malade
   c. ☐ a renoncé à toute vie publique pour soigner sa femme

... quels sont les personnages soupçonnés?

- Pourquoi est-ce que la police est surprise de trouver M. Biget-Mareuil en train de bêcher dans sa cave?
- Est-ce que, sans cette découverte, la police aurait attribué à de simples voleurs l'incendie de l'hôtel particulier des Biget-Mareuil?
- Pourquoi est-ce que la police pense d'abord à un suicide?
- Quelqu'un est-il soupçonné d'avoir provoqué l'incendie?

... où se déroule l'action?

Écoutez l'enregistrement et complétez le texte suivant:

- L'hôtel particulier des Biget-Mareuil se trouve .... Il a un .... séparé du parc Monceau par une .... La famille Biget-Mareuil séjourne actuellement à .... tandis que les domestiques .... parce que .... M. Biget-Mareuil envoie un télégramme d' ....

- Est-ce que, à votre avis, cet hôtel particulier se trouve dans une grande ville? Pourquoi?
- De quelle ville s'agit-il selon vous?
- Est-ce que le narrateur le dit clairement?

... où a lieu le méfait?

- Dans quelle partie de l'hôtel particulier a-t-on pris l'essence qui a servi à allumer l'incendie?
- Où est-ce qu'on a transporté cette essence?
- D'où a-t-on jeté le brandon, selon la police?

... quand a lieu le méfait?

- À quelle date l'incendie a-t-il détruit l'hôtel particulier des Biget-Mareuil?
- Depuis quand M. Biget-Mareuil était-il nerveux?

Réfléchissons

Mais tout d'abord faites le point sur les données du texte en complétant avec les mots ci-dessous les phrases suivantes:

Crime / hôtel particulier / volontaire / allumé / débris / fuir / cadavre / doute.

- Tout ce qu'on sait jusqu'ici à propos du ...., c'est que quelqu'un a incendié l' .... des Biget-Mareuil. Il s'agit sans aucun .... d'un incendie .... et la personne qui a .... le feu a eu le temps de .... Aucun .... n'a été retrouvé dans les .... de l'hôtel.

Cherchez dans le texte les hypothèses énoncées au cours de l'enquête, et dites si les affirmations suivantes sont vraies ou fausses. Pour chaque affirmation fausse, rétablissez la vérité:

                                                           V F

- Mme Biget-Mareuil pense que son mari a été attiré dans un guet-apens.

....

- La police croit que M. Biget-Mareuil est parti avec sa maîtresse.

....

- La police suppose que M. Biget-Mareuil ☐ ☐
  a voulu creuser sa propre tombe dans
  la cave avant de se suicider.

  ....

- La police pense que M. Biget-Mareuil ☐ ☐
  a assassiné un de ses domestiques.

  ....

  Donnez à votre tour votre opinion en répondant aux
  questions suivantes:
- Pendant un certain temps M. Biget-Mareuil est porté
  disparu. Laquelle des deux hypothèses principales
  avancées par la police vous semble être la plus
  probable:
  - l'homme s'est suicidé.
  - il s'est échappé après avoir tué quelqu'un.
- Pourquoi aurait-il provoqué l'incendie?
- Est-ce quelqu'un d'autre qui a allumé le feu après avoir
  tué M. Biget-Mareuil? Qui pourrait être l'auteur de
  cette machination?
- Pensez-vous que le télégramme d'Athènes ait été
  vraiment écrit par M. Biget-Mareuil?
- Si oui, pourquoi ce dernier serait-il la victime d'une
  méprise?
- Sinon, qui aurait intérêt à faire croire qu'il se trouve en
  Grèce?

L'incendie du Parc Monceau

« En géométrie, me dit G. 7, après qu'il eût fait promettre à la visiteuse d'envoyer l'argent — ce que, soit dit en passant, elle hésitait à faire, ne voulant pas, comme elle l'affirmait, être la complice d'un criminel —, en géométrie, dis-je, quand on ne peut démontrer un théorème par l'enchaînement [1] logique des déductions, on le démontre par l'absurde.

« C'est ce que j'ai fait en l'occurrence. Et la première vérité qui m'est apparue est que M. Biget-Mareuil ne creusait pas le sol pour cacher quelque chose. Sinon, il se fût contenté d'un trou.

« Ce qu'il voulait, c'était *trouver* quelque chose.

« Et quelque chose qu'il n'avait pas caché lui-même, puisqu'il n'en connaissait pas l'emplacement exact.

« Quelque chose, pourtant, d'assez compromettant pour que, surpris par la police, il ait eu l'idée de mettre le feu à la maison et de s'enfuir.

« Supposons un cadavre. C'est à peu près la seule chose répondant à ces conditions, l'idée de vol étant écartée par la richesse des Biget-Mareuil.

« Maintenant, souvenez-vous de la lettre remise par le notaire et de ce qu'on nous a dit des Biget-Mareuil père et mère.

— Le vieux qui aurait tué ? dis-je.

— On nous a affirmé qu'il était jaloux, que sa femme était très belle. On nous a dit aussi que les fêtes ont soudain cessé à l'hôtel et que Mme Biget-Mareuil, dès cet instant, s'est étiolée [2]...

« Son mari la surprend avec un amant...

« Un seul moyen de se venger. Il tue l'homme. Il l'enterre ou le mure dans le sous-sol...

« Mais quand il disparaîtra, son fils ne vendra-t-il pas l'hôtel ? Ne découvrira-t-on pas un jour le cadavre ?...

« *Pas de scandale !* Dans ce monde-là, c'est le premier principe qui domine toute la vie d'une classe sociale... Le nom des Biget-

---

1. **Enchaînement** (m.) : suite.
2. **S'étioler** : s'affaiblir.

Mareuil doit rester sans tache...

« Une lettre accompagne donc le testament. Elle enjoint au fils de ne jamais vendre l'hôtel, en aucun cas, et sans doute en dit-elle la raison...

« Seulement le dernier Biget-Mareuil n'est pas de la trempe des précédents. Un pauvre homme qui s'affole à l'idée qu'il y a un cadavre chez lui, qui ne pense qu'à s'en débarrasser, qui va à Vichy avec toute sa maison, malgré son deuil et les coutumes [1], afin de pouvoir revenir seul dans l'hôtel vide...

« Il cherche... On le surprend... La police partie, il cherche encore, ne trouve rien, s'énerve, craint de voir revenir le commissaire, n'imagine rien de mieux que de mettre le feu à l'immeuble tout entier...

« Et, effrayé de son acte, il prend le premier train venu, sans même penser qu'il a très peu d'argent en poche... »

On ne l'inquiéta pas. Deux semaines plus tard, sa femme allait le retrouver à Athènes, d'où le couple partit pour les Indes.

---

1. **Coutume** (f.) : habitude qui se transmet de génération en génération.

Dénouement

Répondez aux questions suivantes en cochant la bonne réponse:

1. Est-ce que M. Biget-Mareuil est responsable de l'incendie?
    a. ☐ non, l'incendie a été provoqué par un de ses domestiques
    b. ☐ oui, il a voulu délibérément détruire l'hôtel particulier pour éliminer toute trace compromettante
    c. ☐ oui, mais il a agi sous la pression d'un chantage

2. Que faisait M. Biget-Mareuil dans la cave?
    a. ☐ il creusait le sol pour chercher quelque chose
    b. ☐ il faisait un trou pour cacher un cadavre
    c. ☐ il creusait le sol pour y cacher une preuve compromettante de son infidélité

3. Est-ce que c'est M. Biget-Mareuil qui écrit d'Athènes?
    a. ☐ oui, il s'est sauvé car il a eu peur de son geste
    b. ☐ non, le télégramme a été envoyé par son assassin pour faire croire qu'il n'est pas mort
    c. ☐ non, c'est sa maîtresse qui écrit pour dépister la police

4. Pourquoi M. Biget-Mareuil a-t-il agi de cette façon?
    a. ☐ parce qu'il a eu peur du scandale
    b. ☐ parce que c'est son père qui lui a demandé d'agir ainsi
    c. ☐ parce que la police allait l'arrêter

ACTIVITÉS

5. Qui était la victime dont le corps était caché dans la cave?
- **a.** ☐ la maîtresse de M. Biget-Mareuil père
- **b.** ☐ l'amant de Mme Biget-Mareuil
- **c.** ☐ l'amant de Mme Biget-Mareuil mère
- **d.** ☐ la maîtresse de M. Biget-Mareuil

6. Qui était l'assassin?
- **a.** ☐ M. Biget-Mareuil
- **b.** ☐ M. Biget-Mareuil père
- **c.** ☐ Mme Biget-Mareuil mère
- **d.** ☐ Mme Biget-Mareuil

7. Quel avait été le mobile du crime?
- **a.** ☐ la jalousie
- **b.** ☐ le conflit d'intérêts
- **c.** ☐ le désir de mettre fin à un chantage

9

LE MAS ¹ COSTEFIGUES

C'ÉTAIT en juin, l'an dernier. J'en étais à mes premières expéditions avec G. 7.

Un soir il me téléphona :

« Je pars pour la Camargue. Un cambriolage. Mais ne vous dérangez que si vous tenez à voir le pays, car je crains que l'affaire soit assez peu passionnante. »

J'y allai. Et je ne devais pas le regretter. D'abord je visitai Aigues-Mortes, qui, dans sa ceinture de remparts ², est bien une des villes les plus curieuses qui soient.

Le cambriolage avait eu lieu trois jours plus tôt, le 27 juin exactement, dans un mas situé à deux kilomètres de la ville, au bord du canal qui relie Aigues-Mortes à Grau-du-Roi, un port minuscule sur la Méditerranée, ou plus exactement tout au fond du golfe du Lion.

Le mas appartenait à un certain M. Costefigues, d'Avignon, qui n'y passait guère que quelques jours à la saison de la chasse aux canards.

Le reste de l'année, il était habité par un nommé Benoit et sa femme, qui étaient à la fois intendants, jardiniers et domestiques.

Le vol en lui-même n'était pas d'une importance considérable, mais les circonstances dans lesquelles il avait été commis avaient complètement bouleversé ³ les autorités locales.

On avait enlevé de l'argenterie, trois fusils de plus ou moins de valeur, une assez grande quantité de linge, des vêtements et une foule incalculable de menus objets de toutes sortes.

Mais il convient d'abord de donner une idée du pays.

---

1. **Mas** (m.) : ferme ou maison de campagne en Provence.
2. **Rempart** (m.) : muraille qui entoure une place fortifiée.
3. **Bouleverser** : mettre dans une confusion extrême.

Autrefois, la mer baignait les remparts d'Aigues-Mortes. Elle s'est retirée de près de six kilomètres, ne laissant derrière elle qu'une sorte de marécage [1] où poussent des roseaux [2].

Ces marais ont été vaguement asséchés, et l'eau amenée dans un canal qui va se jeter dans la mer.

Au bout de ce canal, on a bâti une petite ville, qui vit de son port de pêche et de quelques baigneurs [3]. C'est Grau-du-Roi.

Entre Aigues-Mortes et Grau-du-Roi, il n'y a donc rien, sinon le canal que longe un chemin surélevé et aux deux côtés duquel s'étalent [4] des terres basses, détrempées [5] et désertes.

Quelle lubie [6] a eue M. Costefigues de construire un mas dans ce désert, sur la rive droite du canal ? C'est son affaire. Il paraît que sa première idée était de se livrer à l'élevage des taureaux sauvages qui se pratique beaucoup dans la région, mais qu'il y a renoncé par la suite.

La maison est vaste, avec deux tourelles qui lui donnent un faux air de château. On est parvenu à faire pousser quelques arbres alentour [7], et à créer un semblant de parc.

L'été, la température est torride et il faut avoir connu les attaques massives des moustiques de là-bas pour parler en connaissance de cause de ces bestioles.

G. 7. et moi en fûmes littéralement dévorés et dès le lendemain de notre arrivée j'avais une joue déformée, lui un œil complètement fermé.

Le cambriolage avait donc eu lieu la nuit du 27 au 28. Cette nuit-là, commes les autres, Benoit et sa femme dormaient dans la

---

1. **Marécage** (m.) : étendue d'eau stagnante peu profonde; marais.
2. **Roseau** (m.) : plante à longue tige qui croît au bord des eaux.
3. **Baigneur** (m.) : personne qui vient l'été pour prendre des bains de mer.
4. **S'étaler** : s'étendre.
5. **Détrempé** : mouillé abondamment.
6. **Lubie** (f.) : caprice bizarre.
7. **Alentour** : tout autour.

maison, dans la chambre même de M. Costefigues, ainsi qu'ils [1] furent forcés de l'avouer.

La chambre se trouve au premier étage. Les fenêtres en étaient fermées, ainsi que les persiennes, à cause des moustiques dont j'ai déjà parlé.

Quant aux fenêtres du rez-de-chaussée, elles sont toutes munies de solides barreaux espacés seulement de quatorze centimètres. C'est pourtant par une de ces fenêtres, *et sans écarter les barreaux*, que les voleurs, ou du moins l'un d'eux, s'introduisirent dans la place.

Un enfant, sans doute, qui alla ensuite ouvrir la grande porte.

Pendant combien de temps les malfaiteurs travaillèrent-ils sans être dérangés ? Il ne fut pas possible de l'établir. Toujours est-il qu'à une heure exactement, Benoit s'éveilla en entendant un léger bruit sous le plancher [2], dans la pièce servant de salle à manger.

Il éveilla sa femme, prit son fusil et voulut sortir de la chambre. La clef de celle-ci se trouvait à l'intérieur. Or la porte résista et Benoit s'épuisa [3] en vains efforts.

Il courut alors vers les fenêtres et il constata que les persiennes résistaient de même.

C'était inimaginable ! En bas, les voleurs ne se gênaient [4] pas, ne prenaient plus aucune précaution pour n'être pas entendus.

Ce ne fut qu'une bonne demi-heure plus tard que Benoit réussit à faire sortir la porte de ses gonds [5] et il s'aperçut alors qu'elle avait été barrée de l'extérieur par une forte pièce de bois attachée en travers.

---

1. **Ainsi que** : comme.
2. **Plancher** (m.) : sol en bois d'un appartement.
3. **S'épuiser** : se fatiguer.
4. **Se gêner** : (ici ironique) «ne vous gênez pas» se dit à une personne qui prend des libertés excessives.
5. **Gond** (m.) : pièce métallique autour de laquelle tournent les ferrures d'une porte.

127

Il en était de même des fenêtres, qu'on avait atteintes à l'aide de l'échelle se trouvant en permanence dans le jardin.

Naturellement, les voleurs étaient loin. Les pièces étaient dévastées. Les bandits avaient travaillé à leur aise [1], ne négligeant pas le moindre recoin [2], pas un placard [3], emportant même des pots de confiture — au nombre de cent cinquante !

Le chien de garde était mort, empoisonné.

G. 7 semblait s'amuser beaucoup tandis qu'on lui racontait cette histoire.

« Et qu'a-t-on fait jusqu'ici ? demanda-t-il au brigadier de gendarmerie.

— Nous avons arrêté une douzaine de vagabonds, mais nous n'avons rien trouvé sur eux. Cinq roulottes de romanichels [4] ont été fouillées. Et cela continue, car c'était le mois dernier la grande fête des Saintes-Maries-de-la-Mer, à quinze kilomètres d'ici, et la région est encore infestée de bohémiens. Quel est votre avis, à vous ? »

Pauvre homme, qui s'imaginait que G. 7 prononcerait une seule parole ! Ou plutôt il en articula une, mais qui me parut monstrueuse d'ironie :

« Continuez ! »

Je crois d'ailleurs qu'il n'était pas beaucoup plus avancé que le gendarme et que les recherches qu'il fit pendant toute la journée dans la maison furent sans résultat.

Dans le pays, des gens murmuraient que Benoit pourrait bien être un malin et avoir joué une petite comédie.

D'autres faisaient remarquer que M. Costefigues, qui était marchand de vins, faisait d'assez mauvaises affaires, et que,

---

1. **À leur aise** : ici, sans être gêné.
2. **Recoin** (m.) : coin bien caché.
3. **Placard** (m.) : armoire située généralement dans un mur.
4. **Romanichel** (m.) : tzigane, bohémien, nomade.

Le mas Costefigues

comme la faillite [1] était possible, il avait eu soin de procéder lui-même à son déménagement.

Que ne disait-on pas ?

Ce fut le lendemain que je fis, moi, une découverte, sans le vouloir, d'ailleurs. Je visitais Aigues-Mortes avec, à la main, le guide historique de la ville, quand, sur un des remparts, à hauteur d'homme à peu près, j'aperçus toute une série de signes gravés à la pointe du couteau.

J'eus un instant la naïveté de croire que ces signes étaient historiques, eux aussi. Puis, quand un passant eut souri de ma bévue [2], je pensai à un jeu d'enfant.

Le hasard [3] voulut que G. 7 me retrouvât juste à ce moment et, une demi-heure plus tard, un photographe opérait pour son compte, après quoi nous prenions à la gélatine l'empreinte de la pierre en question.

On trouvera l'image, reproduite aussi fidèlement que possible, à la figure n° 1.

fig. n° 1

Le même jour, ordre était lancé à toutes les gendarmeries du Midi de rechercher sur les murs, sur les palissades [4], sur les

---

1. **Faillite** (f.) : échec complet d'une entreprise.
2. **Bévue** (f.) : erreur grossière.
3. **Hasard** (m.) : événement fortuit.
4. **Palissade** (f.) : clôture formée de planches.

pierres du chemin, voire sur le tronc des arbres des signes plus ou moins semblables à ceux des remparts.

Cet ordre était l'œuvre de G. 7 qui brava tranquillement le ridicule et qui, pendant quatre jours, fut la fable de la maréchaussée [1].

Car les rapports affluèrent ! Mais il y eut ceci de curieux, c'est que, des points les plus divers, arrivait une même photographie, prise pourtant à des endroits différents par des gendarmes différents.

Je suppose qu'il s'agit d'un chapeau. On verra en tout cas le signe en question à la figure n° 2.

fig. n° 2

G. 7 ne se donnait plus la peine de poursuivre ses recherches au mas Costefigues.

Il s'était installé dans un des bureaux de la gendarmerie d'Aigues-Mortes où il avait tout au moins l'avantage de jouir d'une température assez fraîche.

Des cars bondés [2] d'Anglais et d'Allemands s'arrêtaient sans cesse sur la place, en face des fenêtres. Les visiteurs s'éparpillaient dans la ville et je me souviens d'un bonhomme au crâne rasé que je surpris alors qu'il semblait suprêmement intéressé par la pierre gravée.

---

1. **Maréchaussée** (f.) : les gendarmes.
2. **Bondé** : rempli de gens.

Le mas Costefigues

« Le vol a eu lieu ? » me demanda-t-il avec un fort accent allemand.

Je fus très étonné. Mais il refusa de répondre à mes questions. Tout ce qu'il accepta de m'apprendre, c'est qu'il était médecin de campagne en Galicie [1].

Le cinquième jour, un rapport arriva de Carcassonne, plus intéressant que les précédents en ce sens que la photographie qui était jointe et qui avait été prise sur une des pierres de l'Hôtel de Ville [2] même représentait autre chose que le sempiternel [3] chapeau.

L'image est celle de la figure 3, sur laquelle G. 7 pâlit pendant plus de sept heures d'affilée [4] et avec laquelle il se rendit enfin chez le curé.

fig. n° 3

Entre-temps, on arrêtait toujours des vagabonds, des bohémiens. On visitait des roulottes et on interrogeait tous les

---

1. **Galicie** : région de l'Europe orientale située au Nord des Carpates. Ne pas confondre avec la Galicie en Espagne.
2. **Hôtel de ville** : édifice où se trouve l'autorité municipale dans une grande ville.
3. **Sempiternel** : continuel.
4. **D'affilée** : de suite.

suspects sur les grand-routes.

Costefigues, par le truchement [1] d'un journal d'Avignon, accusait la police de mollesse et prétendait qu'il était inadmissible que, dans un pays aussi désert, on ne pût retrouver un butin abondant et varié comme celui qui provenait de son mas.

Cela amusa G. 7 qui, après sa visite au curé, m'annonça que nous n'avions plus qu'à rentrer à Paris.

« Vous renoncez à l'enquête ?

— Momentanément...

— Vous connaissez les voleurs ?

— Je sais en tout cas quand et où les retrouver... Ils se sont chargés de me le dire eux-mêmes...

— Et vous retrouverez aussi le butin ?

— À part peut-être la confiture, oui ! J'en suis convaincu ! »

Ce n'était ni l'avis des gendarmes, ni celui de Costefigues, et le journal d'Avignon s'en donna à cœur joie [2] sur le dos [3] de la police de Paris qui s'offrait, sous prétexte d'enquête, d'agréables villégiatures.

On publia même une caricature de G. 7 où celui-ci était représenté prenant un bain à Grau-du-Roi, dans une mer idéale. Et la légende, laconique, disait :

« Il cherche ! »

Pauvre G. 7 ! Il n'avait pourtant pris qu'un bain, que la température saharienne excusait pleinement !

Pendant un mois, j'attendis que l'inspecteur me parlât de retourner en Camargue.

Puis je me dis qu'il s'agissait sans doute d'une défaite [4] et qu'il était plus délicat de ma part de ne plus y faire allusion.

---

1. **Par le truchement de** : par l'intermédiaire de.
2. **S'en donner à cœur joie** : prendre beaucoup de plaisir.
3. **Sur le dos** : aux dépens.
4. **Défaite** (f.) : échec, insuccès.

Le mas Costefigues

J'avais « séché [1] » vainement sur les rébus.

Or, à des mois de là, un soir, selon son habitude, il me téléphona :

« Allô !... Un petit tour dans le Midi ? »

(à suivre...)

---

1. **Sécher** : ici, ne pas savoir répondre.

ACTIVITÉS

Avant de lire le dénouement, découvrons ensemble...

... quels sont les personnages de l'histoire?

Après avoir lu le texte, remplissez le tableau suivant avec les indications recueillies sur les personnages:

Le narrateur
G. 7
M. Costefigues
Benoit

Complétez les phrases avec les mots suivants:
Se rendre / cas / mas / propriétaire / domestiques / butin / Aigues-Mortes / découverte / voleurs / résoudre / cambriolage / saison / Avignon / marchand / passionnante.

- L'affaire du mas de Costefigues est un des premiers .... que le narrateur cherche à .... avec G. 7. En effet, c'est G. 7 qui invite le narrateur à .... en Camargue avec lui. Au début, l'affaire a l'air d'être assez peu .... Un .... a eu lieu dans un .... qui appartient à M. Costefigues. Le narrateur ne nous dit pas grand-chose à propos du

.... du mas: nous savons qu'il habite en
.... et qu'il ne passe dans son mas que quelques
jours à la .... de la chasse au canard. Par le biais
d'un journal d'Avignon, M. Costefigues, qui est
.... de vins, accuse la police de ne pas être
capable de retrouver le .... provenant de son
mas. Lors du cambriolage, le mas était habité par
Benoit et sa femme dont on sait qu'ils sont à la fois
jardiniers, intendants et .... et que, la nuit du
cambriolage, ils n'ont pu rien faire pour empêcher
l'action des .... Au moment où l'affaire semble
sans solution, le narrateur fait une importante
.... au cours d'une visite à .... .C'est ainsi
qu'il joue pour une fois un rôle d'importance capitale
dans la solution de cette énigme.

... quels sont les personnages soupçonnés?

- Pourquoi est-ce que les gens pensent que
  M. Costefigues pourrait avoir organisé le cambriolage?
- Est-ce que Benoit est lui aussi soupçonné?
- Qui la police fouille-t-elle pour retrouver le butin?

... où se déroule l'action?

Soulignez dans le texte toutes les expressions
décrivant les lieux où se déroule l'action.
Dites ensuite si les phrases suivantes sont vraies ou
fausses; sous chaque affirmation fausse rétablissez la
vérité:

	V	F
L'action se passe en Camargue, dans un mas situé à deux kilomètres d'Avignon.	☐	☐
....		
Les remparts de la ville d'Aigues-Mortes étaient autrefois baignés par la mer.	☐	☐
....		

- Le mas se trouve au bord du canal qui relie Aigues-Mortes au Grau-du-Roi. ☐ ☐

- Autour du mas la végétation méditerranéenne est luxuriante. ☐ ☐

... où a lieu le cambriolage?

- Quel est l'aspect du mas de Costefigues?
- Comment est-ce que les voleurs ont pu pénétrer dans la maison?
- Où dormaient les domestiques au moment du cambriolage?
- Comment est-ce que les voleurs ont réussi à bloquer les portes et les fenêtres de la maison?
- Quelles sont les conséquences du cambriolage?

... quand a lieu le cambriolage?

Quand le cambriolage a-t-il lieu? En quelle saison? À quel moment de la journée?

Réfléchissons

- Pourquoi, à votre avis, G. 7 a-t-il décidé de rentrer à Paris?
- Est-ce que vous pensez qu'il soit allé chercher d'autres indices? Ou bien croyez-vous qu'il soit parti car il a honte et qu'il n'ose pas avouer son échec?
- Pensez-vous qu'il puisse vraiment attirer le coupable ou les coupables dans un piège? Quelle est l'opinion du narrateur à ce sujet?

Parmi les solutions suivantes, laquelle vous semble correspondre à la réalité?

- Le cambriolage a été organisé par M. Costefigues, car ses affaires vont mal et qu'il est au bord de la faillite. Avec la complicité d'un groupe de romanichels, il a mis à l'abri ses objets les plus précieux. Ses domestiques ont été payés pour jouer la comédie.
- C'est Benoit qui a tout organisé en expliquant à ses complices comment pénétrer dans le mas. Grâce à sa complicité, les cambrioleurs ont eu le temps de s'échapper sans laisser de traces.
- Le cambriolage a été organisé par des voleurs jusqu'ici inconnus. Les dessins gravés sur les remparts jouent un rôle important dans la solution de ce cas. G. 7 possède la clef du mystère.

Les 13 énigmes

Le 25 décembre, à minuit, nous faisions les cent pas [1] autour de l'église de Saintes-Maries-de-la-Mer. Des gendarmes en civil étaient postés aux quatre coins de la place.

À minuit dix, on cernait [2] quatre roulottes de romanichels, qui, les unes venaient d'arriver, les autres étaient là depuis la veille, et on découvrait dans l'une d'elles, à de rares exceptions près, tous les objets volés au mas Costefigues.

« Il n'y a que deux signes qui m'aient donné du fil à retordre [3] ! m'explique G. 7, tandis que nous soupions à l'auberge, après une tournée [4] générale offerte aux gendarmes. C'est l'enfant en maillot [5] d'abord, le second poignard ensuite.

« Le premier message est enfantin. Il suffit de connaître les mœurs [6] des nomades, qui sont les mêmes aujourd'hui qu'au XVe siècle.

« Le signe n° 1 est l'emblème de celui qui a écrit. Un chaudron [7]. Donc il s'agit d'un chaudronnier.

« Viennent la date (27 juin), puis la distance (2 kilomètres), puis la direction (traverser le canal), et enfin la désignation du lieu : une maison à deux tourelles.

« La clef signifie qu'il s'agit d'un vol avec effraction et le signe qui vient ensuite : que le rendez-vous aura lieu au coucher du soleil. Enfin, il y a un chien.

« La ligne du bas constitue la réponse, ou plutôt les réponses.

« Je m'explique. Un premier romanichel a écrit :

---

1. **Faire les cent pas** : aller et venir.
2. **Cerner** : entourer.
3. **Donner du fil à retordre** : causer des difficultés.
4. **Tournée** (f.) : consommation offerte par quelqu'un.
5. **Enfant en maillot** (m.) : autrefois, bébé complètement enveloppé dans une bande de tissu.
6. **Mœurs** (f. plur.) : habitudes, coutumes.
7. **Chaudron** (m.) : récipient muni d'une anse pour la cuisson.

Le mas Costefigues

Le chaudronnier cherche des hommes pour commettre le 30 juin un vol avec effraction dans telle maison. Rendez-vous au coucher du soleil. Il y a un chien.

« D'autres bohémiens sont passés, qui ont répondu. Chacun a mis son emblème sous le message, si bien que je savais d'avance qu'il s'agissait d'un barbu, d'un vannier [1], d'un charron [2] et enfin d'un coutelier [3] ou d'un rémouleur [4].

« Le premier voleur n'a eu qu'à passer quelques jours plus tard pour s'assurer qu'il disposerait des hommes nécessaires.

« Tout le reste est aussi dans la manière des bohémiens.

« Comme d'habitude, le partage ne devait avoir lieu que par la suite. Mais où ? Quand ?

« Partout un bicorne [5] de gendarme, tracé la plupart du temps par des bohémiens tout à fait étrangers au vol, signifiait que la maréchaussée était sur les dents [6].

« On remit à plus tard. Lisez ainsi le dernier message :

Le chaudronnier, le jour de Noël (naissance de l'enfant), à l'église de la Mer, partagera.

« Je vous le répète, l'enfant me chiffonnait [7] et c'est le curé qui a trouvé sa signification.

« Quant au poignard, j'ai cru longtemps qu'il annonçait un crime, ou qu'il faisait allusion au premier rémouleur.

« Mais un couteau sert aussi à partager...

« Simple, n'est-ce pas ? »

---

1. **Vannier** (m.) : personne qui fabrique des objets tressés avec l'osier, le rotin.
2. **Charron** (m.) : artisan qui fabrique des chariots.
3. **Coutelier** (m.) : personne qui fabrique ou vend des couteaux.
4. **Rémouleur** (m.) : artisan qui aiguise les outils tranchants ou pointus.
5. **Bicorne** (m.) : chapeau à deux pointes des gendarmes de l'époque.
6. **Être sur les dents** : être débordé de travail.
7. **Chiffonner** : ici, intriguer, contrarier.

Dénouement

Répondez aux questions suivantes en cochant la bonne réponse:

1. Quand G. 7 retrouve-t-il le butin?
    - a. ☐ le jour de Noël, juste avant la messe de minuit
    - b. ☐ au mois de juin
    - c. ☐ un mois après le cambriolage
2. Qui est l'auteur du cambriolage?
    - a. ☐ Benoit, avec la complicité de quelques bohémiens
    - b. ☐ des romanichels payés par M. Costefigues
    - c. ☐ des romanichels
3. À quoi servaient les signes gravés un peu partout?
    - a. ☐ à échanger des messages entre romanichels
    - b. ☐ ils n'avaient rien à voir avec le cambriolage, car c'étaient des dessins d'enfants
    - c. ☐ à dépister la police
4. Est-ce que G. 7 possédait depuis déjà quelque temps la clef du mystère?
    - a. ☐ non
    - b. ☐ non, il a trouvé des indices importants à Paris
    - c. ☐ oui, car il a su interpréter les signes gravés sur les remparts
5. Quels sont les signes qui ont donné du fil à retordre à G. 7?
    - a. ☐ le chaudron et la clef
    - b. ☐ l'enfant en maillot et le poignard
    - c. ☐ l'homme barbu et le soleil couchant

6. Qui a aidé G. 7 à interpréter ces signes?
   a. ☐ la police scientifique
   b. ☐ un nomade
   c. ☐ le curé

7. Qu'indiquait le couteau?
   a. ☐ une menace
   b. ☐ un endroit
   c. ☐ un partage

10

LE CHÂTEAU DES DISPARUS

L'IMPRESSION est plus ou moins forte, selon les cas, mais, pour moi, elle reste toujours le souvenir le plus vif que je garde [1] d'une enquête : le moment où l'on ne sait rien, où l'on n'a que les quelques données grossières [2] qui sont parvenues à la police, où l'on imagine les personnages selon son tempérament et où l'on débarque dans un milieu nouveau, dans une région que l'on ne connaît pas, souvent.

Des agités vous attendent. La ville ou le village est en rumeur [3]. Et cette rumeur cache des intérêts qu'il va falloir démêler [4].

On descend du train avec une petite angoisse, un peu, en somme, comme on jette des plaques [5] sur le tapis vert [6].

Quand j'en ai parlé, un jour, à G. 7, il a laissé tomber :

« Littérature. »

Mais la preuve qu'il s'y laisse prendre [7] tout comme moi, c'est que, à ces moments-là, il garde toujours le silence.

Cette fois, le décor, les moindres éléments du drame tel qu'il nous était présenté étaient bien faits pour impressionner. Le hasard voulait que nous arrivions à sept heures du soir, et, comme on était en octobre, il faisait nuit.

Un méchant [8] autobus, d'abord, pour nous transporter de la

---

1. **Garder** : conserver.
2. **Grossier** : ici, approximatif.
3. **Être en rumeur** : ici, cela signifie que tout le village en parle, est en agitation.
4. **Démêler** : distinguer.
5. **Plaque** (f.) : grand jeton rectangulaire.
6. **Tapis vert** (m.) : tapis de la table de jeu (au casino).
7. **S'y laisser prendre** : y croire.
8. **Méchant** : ici (placé devant le substantif) qui ne vaut rien.

ville au village. Là, des gens nous attendant, nous épiant, se mettent à nous suivre à distance dès que nous nous dirigeons, à pied, vers le château.

On devait être étonné que G. 7 n'interrogeât personne, qu'il allât droit au but en dédaignant [1] les déclarations qu'eussent pu faire les paysans.

La campagne, dans l'obscurité. Des vols d'oiseaux, des bruits étranges pour les gens des villes...

Puis une allée sombre, bordée de peupliers [2] courbés par le vent. Au bout de cette allée une masse noire, une tourelle se découpant sur les nuages gris, le point lumineux d'une fenêtre.

Ces ombres qui nous suivaient... Tout le village devait être sur nos talons, silencieux, à distance...

Enfin le bruit du marteau que G. 7 souleva et laissa retomber lourdement...

Nous dûmes attendre cinq minutes pour le moins. Et je me souviens que mon compagnon tenait la main dans celle de ses poches où il a coutume de mettre son revolver. Nous ne pouvions savoir ce qui nous était réservé.

Ce que nous connaissions de l'affaire tenait du cauchemar, de la fantasmagorie [3] ou du cabanon. En deux mots, trois hommes avaient subitement disparu, dans ce château sur le perron duquel nous nous trouvions. Et on accusait le quatrième du triple crime.

Or, ce quatrième était le châtelain, le comte de Buc, qui aurait, pour des raisons encore mystérieuses, donné la mort à ses domestiques.

Nous l'aperçûmes à une fenêtre sur le rebord de laquelle il se pencha. Le conducteur de l'autobus nous avait prévenus [4] qu'il se

---

1. **Dédaigner** : ici, négliger.
2. **Peuplier** (m.) : arbre élancé à petites feuilles.
3. **Fantasmagorie** (f.) : spectacle fantastique, surnaturel.
4. **Prévenir** : avertir.

défendrait sûrement à coups de fusil. Il n'en fut rien. Quelques instants plus tard, la porte s'entrouvrait. Nous distinguions une haute silhouette dans le noir du hall. Et une voix nous disait :

« Police, je suppose ? Veuillez vous donner la peine d'entrer, messieurs. »

La porte se referma sur nous. Puis, une autre fut poussée et nous nous trouvâmes dans une bibliothèque gothique qui était éclairée.

Le comte était grand, d'une pâleur qui devait être naturelle, avec des prunelles fatiguées, quelque chose de lassé [1] dans toutes ses attitudes, ce qui lui donnait assez grand air. Il ne nous invita pas à nous asseoir, mais il nous désigna des chaises. Puis, sans transition, du bout des lèvres, en laissant tomber les mots négligemment, il fit son récit :

« Je vous attendais... Il était naturel que cette canaille — il désignait le parc où les paysans formaient une masse silencieuse dans la nuit — s'occupât de mes affaires... »

Il ne s'asseyait pas. Il marchait de long en large.

« Si nous étions toujours au Mexique, je ne vous aurais pas ouvert ma porte et je vous aurais envoyé quelques balles de gros calibre... Car, là-bas, j'avais pour principe de m'occuper moi-même de mes affaires...

« Mais il faut que je me réhabitue à la France et à ses mœurs...

« Puis-je vous demander cependant quel grade vous avez dans la police ?

— Inspecteur... Laissa tomber G. 7.

— Est-ce suffisant pour que je n'aie pas à recommencer dix fois mon récit, chaque fois devant un personnage un peu plus hiérarchiquement important ?... J'ai horreur des formalités... J'ai vécu pendant vingt-cinq ans dans une des régions les plus désertes du monde, là-bas, vers les bouches du Rio Grande... Et j'aime autant vous dire que, quand un monsieur venait, au nom

---

1. **Lassé** : fatigué.

d'un quelconque gouvernement, pour lever des impôts [1] ou pour des chinoiseries [2] de ce genre, nous lui donnions à choisir entre une balle dans la tête et la fuite...

« Lorsque j'ai quitté la France, j'étais ruiné. Il me restait juste ce vieux château, qui n'est lui-même qu'une ruine...

« J'emmenais un domestique, Vachet, qui est resté avec moi jusqu'à ces derniers temps...

« J'ai fait de tout, là-bas, de l'élevage et de la prospection, du caoutchouc et des cultures invraisemblables. J'ai fini par trouver une mine [3] d'argent et je suis devenu très riche...

« Je vous ai parlé de ma solitude. Pour toute compagnie digne de ce nom, j'avais Vachet, ainsi que trois hommes qui furent à la fois mes compagnons d'aventures et mes valets...

« Juan, l'Espagnol... Un gros Hollandais appelé Peter... Enfin une espèce de hors-la-loi américain, John Smitt...

« Nous avons pour ainsi dire toujours vécu ensemble. Ensemble nous buvions, jouions aux cartes. Ensemble, quand la solitude nous pesait, nous allions à cheval à la ville voisine, distante de soixante-dix milles...

« À cinquante ans, le mal du pays m'a pris... Je suis revenu... Je me suis installé ici avec mes quatre hommes, et la première chose que Vachet a faite a été de me quitter en emportant [4] quelques milliers de francs. Je n'ai pas porté plainte [5]... Ce n'est pas une histoire pour la police française...

« Après trois semaines, je ne me sentis pas bien. Je vis un médecin qui, ne connaissant rien de ma vie, m'affirma que j'avais toujours eu le cœur faible et que la moindre émotion me tuerait... »

1. **Lever des impôts** : recueillir l'argent des taxes.
2. **Chinoiserie** (f.) : complication inutile.
3. **Mine** (f.) : lieu souterrain d'où l'on extrait des minéraux.
4. **Emporter** : ici, voler.
5. **Porter plainte** : dénoncer quelqu'un à la police.

Le comte ricana [1]. Il semblait dominer tout ce qui était autour de lui. Il parlait comme un géant égaré [2] parmi des pygmées.

« Que voulez-vous ? Ces gens-là vous impressionnent quand même... Je ne me connais pas de famille, mais je suis bien sûr que si je mourais, de vagues cousins sortiraient de leur trou pour se disputer ma fortune. Alors je me suis décidé à faire un testament en faveur de mes trois compagnons restés fidèles et qui, du moins, ont participé à l'édification de cette fortune, qui ont souffert de la faim, de la chaleur, des moustiques et d'un tas d'autres choses encore avec moi...

« J'avais confiance en eux... J'ai eu le malheur de leur montrer le testament...

« Huit jours plus tard, je fus pris de malaise après un repas...

« Le lendemain, mon mal empirait...

« Le surlendemain, en analysant moi-même mes aliments, j'y trouvai de l'arsenic...

« Compris ? Du moment qu'ils étaient mes héritiers, mes trois lascars [3] entendaient l'être au plus vite...

« Je vous ai dit que, là-bas, je rendais moi-même la justice. J'en ai fait autant ici. Je les ai bouclés. Et je les soumis à quelques petites tortures que vous ne comprendriez pas...

« Ces imbéciles de paysans se sont émus de ne pas les revoir... Je m'y attendais... Je vous attendais...

« Puisque, en France, c'est la police qui s'occupe de ces choses-là — ce qui, soit dit en passant, est ridicule —, emportez-les, faites-en ce qu'il vous plaira...

« Voici la clef... Ils sont dans la quatrième cave, celle qui n'a pas de soupirail... »

Et l'homme, allumant un cigare, nous proposa :

« Vous voulez que je vous montre le chemin ?... Oh ! ne craignez rien ! Ils ne sont pas morts... Nous avons les uns comme

---

1. **Ricaner** : rire d'une façon sarcastique.
2. **Égaré** : qui s'est perdu.
3. **Lascar** (m.) : homme malin.

les autres la vie plus dure que cela... »

Je ne suis pas de taille à décrire cette atmosphère, pas plus qu'à donner une idée de mes impressions. Moins de cinq minutes plus tard, une lampe électrique à la main, nous étions dans les caves et nous délivrions [1] les trois hommes.

Pas un mot de leur part ! Pas un cri d'indignation !

Comme le comte l'avait dit lui-même, la mentalité de ces gens-là n'était pas à notre portée.

On les conduisit dans la bibliothèque. Ils étaient piteux, les vêtements sales, déchirés, les barbes longues, avec quelque chose de hargneux [2] dans le pli des lèvres, dans la façon de se tenir.

« Vous êtes accusés tous trois d'avoir tenté d'empoisonner le comte de Buc... », prononça G. 7, qui ne me parut pas plus à son aise que moi.

L'un d'eux, l'Espagnol, ouvrit la bouche, la referma comme s'il eût jugé préférable de ne rien dire.

Mais l'Américain, lui, s'approcha furtivement de l'inspecteur. Il lui souffla :

« Vous n'avez pas compris ?... »

Et, avec crainte, de façon à n'être pas vu du comte, il montra son front de l'index, en un geste significatif.

« Veuillez me laisser seul un instant avec ces hommes ! » dit alors G. 7 en s'adressant au châtelain.

Celui-ci sourit, haussa les épaules, sortit, et nous entendîmes ses pas sur les dalles [3] du hall.

« Fou ! vous comprenez !... expliqua l'Américain avec un fort accent. Cela lui a pris dès notre retour en France... Il croit que tout le monde lui en veut [4], surtout nous...

« Il ne vit plus qu'avec un revolver dans chaque poche... C'est

---

1. **Délivrer** : libérer.
2. **Hargneux** : mauvais.
3. **Dalle** (f.) : plaque de pierre qui forme le sol.
4. **En vouloir à quelqu'un** : souhaiter du mal à quelqu'un.

même pour cela que Vachet est parti...

« Nous, nous sommes restés, pour essayer de le ramener à la raison... Mais il nous épiait sans cesse. Il se croyait du matin au soir et du soir au matin en danger de mort...

« Par ruse [1], il nous a attirés à la cave... Il nous y a enfermés...

« C'est un malheureux... Avant cela, il était bon pour nous... Nous étions plutôt comme des camarades, là-bas, que comme supérieur et inférieurs...

« Ce qu'il lui faut, c'est du repos, des soins... »

Et les paysans qui attendaient toujours dehors, dans le brouillard qui était tombé sur le parc !

« Il y a combien de temps que Vachet est parti ? questionna G. 7.

— Trois jours après notre arrivée en France.

— Comment était-il ?

— Petit, très gros...

— Il avait de la famille quelque part ?

— Sais pas... Il a dit que ça le dégoûtait d'être traité ainsi... Il est parti sans dire où il allait...

— Le comte était déjà fou ?

— Bien sûr... Dès qu'il a été sur le bateau, en somme, il a changé...

— Et là-bas, au Mexique, rien ne laissait prévoir cette folie ?

— Rien... C'est l'air du pays, sans doute... Et dans la cave, il nous a torturés... Nous ne voulons pas qu'il ait des ennuis [2]... Il faut qu'on le soigne [3]... Vous comprenez ?... Il n'est pas responsable...

— En somme, ce qu'il lui faut, fit négligemment G. 7, c'est la maison de santé... »

Ils opinèrent [4] tous ensemble.

---

1. **Par ruse** : avec un stratagème.
2. **Ennui** (m.) : ici, problème avec la police.
3. **Soigner** : faire guérir.
4. **Opiner** : faire un signe affirmatif de la tête.

Le château des disparus

Mon compagnon alla ouvrir la porte, appela :

« Monsieur le comte... Veuillez venir un instant, s'il vous plaît... »

Celui-ci parut, un sourire sarcastique aux lèvres. Ses premiers mots furent :

« Ils vous ont dit que j'étais fou, n'est-ce pas ?

C'est cela même !... Ils ont ajouté que vous avez assassiné Vachet... »

Je ne comprenais plus. J'avais la gorge serrée. Je regardais autour de moi comme si je me fusse débattu [1] dans un cauchemar.

(à suivre...)

---

1. **Se débattre** : faire des efforts pour se dégager.

ACTIVITÉS

Avant de lire le dénouement, découvrons ensemble...

... quels sont les personnages de l'histoire?

Après avoir lu le texte, remplissez le tableau suivant avec les indications recueillies sur les personnages:

Le comte de Buc
Vachet
Juan, l'Espagnol
Peter, le Hollandais
John Smitt, l'Américain

Complétez les phrases suivantes en cochant la bonne réponse:

1. Quand ils arrivent au village, le narrateur et G. 7

    a. ☐ interrogent quelques habitants pour en savoir davantage

    b. ☐ se dirigent tout de suite vers le château sans interroger personne

ACTIVITÉS

    c. ☐ se rendent au commissariat de police pour examiner le dossier de l'enquête

2. Cette affaire parle de
    a. ☐ l'assassinat d'un habitant du village
    b. ☐ la disparition d'une jeune femme
    c. ☐ la disparition de trois hommes

3. Le comte de Buc est un homme
    a. ☐ grand et pâle ayant l'air fatigué
    b. ☐ très aimable et raffiné
    c. ☐ qui semble avoir peur de quelqu'un

4. Il
    a. ☐ apprécie beaucoup que les gens s'intéressent à ses problèmes
    b. ☐ déteste qu'on s'occupe de ses affaires
    c. ☐ est indifférent aux problèmes des autres

5. Il s'est enrichi
    a. ☐ en exploitant une mine d'argent
    b. ☐ en faisant de l'élevage
    c. ☐ grâce à des exploitations agricoles

6. Son domestique Vachet
    a. ☐ avait quitté la France avec lui
    b. ☐ était resté en France pour s'occuper du château
    c. ☐ n'avait pas voulu rentrer en France avec lui

7. Après le retour en France
    a. ☐ Juan a quitté le château en emportant une somme d'argent considérable
    b. ☐ les quatre compagnons du comte se sont sauvés après avoir essayé de l'empoisonner
    c. ☐ Vachet a quitté le château et les trois autres compagnons ont essayé d'empoisonner le comte pour hériter de sa fortune

8. Pour rendre lui-même la justice
   a. ☐ le comte a tué ses quatre amis
   b. ☐ le comte a torturé et puis enfermé ses trois compagnons dans les caves du château
   c. ☐ le comte a chassé ses compagnons du château

... quels sont les personnages soupçonnés?

Écrivez pourquoi les personnages suivants sont soupçonnés:

Le comte de Buc ....

....

Vachet..

....

Les trois compagnons ....

....

... où se déroule l'action?

Que savez-vous des lieux où se déroule l'action?

... où a lieu l'histoire?

Que savez-vous du château du comte?

... quand a lieu l'histoire?

Soulignez dans le texte la phrase qui nous indique le mois où l'enquête a lieu.
- Pendant combien d'années le comte a-t-il vécu à l'étranger?
- À quel âge est-il rentré en France?
- Quand les trois domestiques ont-ils essayé d'empoisonner le comte?

Réfléchissons

- Est-ce que, à votre avis, le comte est vraiment devenu fou?
- Est-ce que Vachet était d'accord avec les autres quand il s'est enfui?
- Pourquoi, à votre avis, G. 7 décide-t-il de surprendre tout le monde en accusant le comte d'avoir assassiné Vachet?
- Croyez-vous que le comte ait vraiment assassiné Vachet?
- Selon vous, le comte est-il la victime ou l'auteur de cette machination? Pourquoi?

Le châtelain était devenu pâle, en dépit de son sourire qu'il s'efforça d'accuser.

« Remarquez que je ne les crois pas... dit l'inspecteur. Je les crois d'autant moins que je sais où Vachet se trouve... »

Cette fois, ils furent quatre à tressaillir, à regarder tous ensemble mon compagnon.

« Quand le comte est-il mort ? » questionna celui-ci d'une voix sèche.

L'Américain fut le plus beau joueur. Tandis que le pseudo-comte s'indignait, tandis que les deux autres regardaient autour d'eux comme pour chercher le moyen de fuir, il laissa tomber en tendant ses deux mains d'un geste machinal :

« *Faits*[1]... »

* * *

Le comte de Buc était enterré dans le potager[2]. L'autopsie devait confirmer par la suite l'affirmation de l'Américain. Il était mort d'une crise cardiaque, le lendemain de son arrivée au château.

« Ce qui ne veut pas dire, m'expliquait G. 7, tandis que nous roulions[3] vers Paris, qu'ils ne l'eussent pas tué si cette mort ne s'était produite juste à point. Mais c'est là pure supposition.

« Le comte arrive en France avec ses quatre compagnons. Il y a vingt-cinq ans qu'il a quitté le pays, où il n'a pas de famille directe...

« Au village même, on l'a oublié...

« Il meurt dès son arrivée et, comme le testament n'est pas encore fait, les autres enragent à l'idée qu'ils ont perdu à la fois leur situation et toute chance d'hériter...

« Vachet est le seul Français, le seul à connaître le village... On

---

1. **Faits...** : faits comme des rats, c'est-à-dire nous sommes piégés, découverts.
2. **Potager** (m.) : jardin où l'on cultive les légumes.
3. **Rouler** : ici, se diriger en voiture.

Le château des disparus

enterre furtivement le comte...

« Le domestique prend sa place et passe pour avoir quitté la région.

« On a soin de nous le décrire petit et gros, remarquez-le, pour écarter tout soupçon, car le comte était grand et maigre... Cela m'a mis la puce à l'oreille [1]... Je me méfie des antithèses.

« Vachet joue très bien son rôle... Les autres feignent de le servir... Que se passe-t-il ensuite ? Quelle dispute éclate entre eux ?...

« Je crois plutôt que notre Vachet se laisse tellement prendre à la fable qu'il en devient fou, qu'il se croit comte de Buc pour de bon [2]...

« Ses complices se moquent de lui. S'ils paraissent le respecter en public, derrière les murs du château ils ne sont plus que des égaux.

« Vachet se fâche. Ils s'indignent... L'autre, de plus en plus comte, les enferme...

« Et quand l'affaire est découverte les trois hommes, plutôt que de vendre la mèche [3] — ce qui serait la ruine de leurs espoirs — essaient de faire enfermer leur complice...

« Dans une maison de santé, il ne sera plus dangereux... Ils resteront les vrais maîtres du château...

« Le coup a raté. Ils ont avoué... »

---

1. **Mettre la puce à l'oreille** : intriguer, éveiller les soupçons.
2. **Pour de bon** : réellement.
3. **Vendre la mèche** : trahir le secret.

Dénouement

Répondez aux questions suivantes en cochant la bonne réponse:

1. Quelle est la véritable identité du comte?
    - a. ☐ le comte est un imposteur qui a assassiné le vrai comte quand il était au Mexique
    - b. ☐ le comte est Vachet qui a pris la place de son maître pour pouvoir jouir de sa fortune
    - c. ☐ il n'y a aucun échange d'identité

2. Qui a été assassiné?
    - a. ☐ personne n'a été assassiné
    - b. ☐ Vachet, qui a été empoisonné
    - c. ☐ le comte, tout de suite après son retour en France

3. Qui a été enterré dans le potager?
    - a. ☐ un voleur
    - b. ☐ le comte
    - c. ☐ Vachet

4. Quelle a été la cause de la mort?
    - a. ☐ il s'agit d'une mort naturelle
    - b. ☐ il s'agit d'un empoisonnement
    - c. ☐ la mort a été provoquée par un accident

5. Pourquoi les personnages ont-ils décidé de jouer la comédie?
    - a. ☐ pour continuer à jouir des richesses du comte, puisque celui-ci est mort avant de rédiger son testament
    - b. ☐ pour se débarrasser du comte, précisément comme ils s'étaient débarrassés de Vachet
    - c. ☐ pour éviter que le comte ne change son testament

11

LE SECRET DU FORT BAYARD

Nous n'avons pas assisté au plus terrible de l'aventure, G. 7 et moi.

Et pourtant elle reste pour moi le plus poignant[1] des cauchemars, et la plus sinistre[2] des prisons me semble un endroit riant, à côté du fort Bayard.

C'est en face de La Rochelle, dans l'Océan. Deux grandes îles, Ré et Oléron, s'étirent parallèlement à la côte, bouclant ainsi une rade magnifique, qui fut jadis un point stratégique important. Napoléon, entre autres, y a semé des forts qui se dressent encore au milieu des flots et dont le plus célèbre est le fort Bayard.

Au centre de la rade enfin, à un mille à peine de Bayard, est plantée l'île d'Aix, sur laquelle une centaine d'habitants vivent de la pêche et surtout des huîtres[3].

Le décor est âpre, même à la belle saison. En novembre, il est sinistre, car l'Océan enfle[4] la voix et les gens de l'île d'Aix restent parfois des semaines sans communication avec la côte.

Lorsque nous arrivâmes, l'effervescence provoquée par l'*affaire* n'était pas apaisée[5], mais le plus dur était passé.

Nous débarquâmes dans l'île d'Aix un midi brumeux, et dans les maisons les lampes à pétrole étaient allumées, si bien qu'on eût pu se croire au crépuscule.

G. 7 se fit désigner la demeure de George, le seul pêcheur de

---

1. **Poignant** : pathétique.
2. **Sinistre** : sombre, terrifiant.
3. **Huître** (f.) : mollusque qui fabrique une perle.
4. **Enfler** : gonfler.
5. **Apaisé** : ramené au calme.

l'île possédant un petit cotre [1], avec lequel il faisait le chalut.

Et nous trouvâmes chez lui, devant le feu, entouré de sa femme et de trois enfants, un homme de quarante ans, grand, fort, rude d'aspect, mais d'un calme déroutant. [2]

La rumeur publique l'accusait, pourtant, et d'un crime odieux ! Il me sembla que la femme avait les yeux comme éteints [3], que les gosses [4] eux-mêmes étaient écrasés par l'atmosphère de suspicion qui pesait sur la maison.

Il y eut peu de paroles échangées.

« Voulez-vous nous conduire au fort ? »

George ne tressaillit pas.

« Maintenant ?

— Maintenant, oui. »

G. 7 montra sa médaille. L'homme se leva, décrocha un ciré [5] qu'il jeta sur ses épaules, troqua [6] ses sabots contre des bottes. Il regarda un instant nos vêtements de ville, puis haussa les épaules comme pour dire :

« Tant pis ! »

Un quart d'heure plus tard, sur le pont du cotre où nous devions nous raccrocher aux haubans [7], nous tanguions [8] sans répit, les yeux rivés [9] aux murailles noires du fort Bayard qui se dessinaient peu à peu dans la brume.

À la barre [10], George ne desserrait pas les dents et j'étais

---

1. **Cotre** (m.) : petit navire à un seul mât.
2. **Déroutant** : déconcertant.
3. **Éteint** : sans lumière.
4. **Gosse** (m.) : enfant.
5. **Ciré** (m.) : à l'origine imperméable de marin.
6. **Troquer** : échanger.
7. **Hauban** (m.) : cordage.
8. **Tanguer** : osciller selon le mouvement de la mer.
9. **Rivé** : fixé.
10. **Barre** (f.) : partie du gouvernail qui sert à gouverner, diriger un bateau.

Le secret du fort Bayard

presque angoissé par le calme qu'il y avait dans les prunelles bleues de cet homme.

Huit jours plus tôt, un yacht qui croisait [1] dans les parages s'était amarré à l'échelle de fer qui subsiste encore sur un des murs du fort Bayard.

L'endroit est mauvais, semé de roches. Les pêcheurs n'y vont qu'en cas de nécessité.

Les murailles, au surplus, menacent ruine, et bien qu'une étroite ouverture permette de pénétrer dans ce qui reste du fort, nul n'a jamais la curiosité d'y entrer, par crainte de recevoir sur la tête une des pierres qui se détachent parfois.

Les occupants du yacht, étrangers à la région, n'eurent pas la même prudence, et c'est ainsi qu'ils firent la monstrueuse découverte.

Un être vivant dans le fort ! Un être humain ! Une femme !

Il faut avoir vu les lieux pour se rendre compte de ce que représentent ces mots.

Maintes fois on s'est apitoyé [2] dans les journaux sur le sort des gardiens de phares, isolés dans l'Océan. Mais du moins les phares sont-ils habitables ! Du moins des hommes y viennent-ils parfois !

Au fort Bayard, le vent s'engouffre par cent ouvertures. La pluie traverse un toit dont il ne reste que quelques poutres.

La femme ne portait aucun vêtement et son premier mouvement fut de fuir quand elle vit des étrangers.

Et tandis que maintenant, nous voguions vers ce qui avait été sa prison, elle était dans une maison de santé, à La Rochelle, entourée de médecins.

Elle avait dix-huit ans. Une jeune fille.

Mais quelle jeune fille ! Ne connaissant rien du langage humain ! Lançant autour d'elle des regards anxieux d'animal traqué [3] ! Se jetant avec voracité sur la nourriture !

---

1. **Croiser** : aller et venir (pour un bateau).
2. **S'apitoyer** : compatir.
3. **Traqué** : poursuivi, qui ne peut plus s'échapper.

Je l'ai dit en commençant : nous arrivions alors que l'affaire était presque terminée.

La photographie de la jeune fille avait paru dans les journaux.

Et déjà, d'Amsterdam, un homme était arrivé, qui l'avait reconnue, qui avait mis un nom sur ce visage énigmatique : Clara Van Gindertael.

« Voulez-vous saisir l'échelle... »

George se cramponnait [1] à la barre. Nous étions arrivés au fort, contre lequel le ressac [2] menaçait de briser notre bateau.

G. 7 saisit un échelon [3] de fer, y passa une amarre.

Et ce fut la visite des lieux. Comment dire ? Une prison ? Même pas ! Les prisons ont un toit !

Quatre vieilles murailles. Des pierres éboulées [4]. Des herbes marines. Des détritus [5] de toutes sortes.

J'imaginais la jeune fille blottie [6] dans quelque coin...

J'essayais d'imaginer l'homme qui lui apportait régulièrement de la nourriture et machinalement je me tournais vers George, qui restait comme étranger à ce qui nous entourait.

Quand les propriétaires du yacht avaient découvert Clara Van Gindertael, il y avait auprès d'elle des provisions qui ne dataient pas d'un mois.

La rumeur publique accusait le pêcheur, car on se souvenait que, malgré les dangers de ces parages [7], il était le seul à traîner [8] son chalut autour du fort.

---

1. **Se cramponner** : tenir solidement.
2. **Ressac** (m.) : retour violent des vagues qui frappent un obstacle.
3. **Échelon** (m.) : barreau d'une échelle.
4. **Éboulé** : tombé par morceaux.
5. **Détritus** (m.) : débris.
6. **Blotti** : ramassé sur soi-même afin d'occuper le moins de place possible.
7. **Parages** (m. pl.) : espace déterminé de la mer.
8. **Traîner** : ici, conduire.

Le secret du fort Bayard

Je scrutais ses traits [1]. Je me demandais s'il était possible que cet homme que j'avais vu un peu plus tôt au milieu de ses enfants, fût venu là, depuis treize ans, apporter de mois en mois des vivres à un être humain.

Treize ans ! Clara avait alors cinq ans ! L'âge des enfants de George !

C'était odieux ! Je souffrais. J'avais hâte d'être loin de ce fort maudit.

Déjà le pêcheur avait été interrogé par les magistrats. Et ses réponses n'avaient apporté aucune lumière :

« Je ne sais rien ! Je n'ai jamais vu celle dont vous parlez ! Je pêchais autour du fort, mais je ne mettais par les pieds dans celui-ci... »

Il achevait ses dépositions par une question qui n'était pas sans embarrasser les enquêteurs.

« Où aurais-je été chercher cette fillette ? »

Le fait est qu'elle avait été enlevée [2] à Paris, où George n'était jamais allé. G. 7 m'avait montré une vieille coupure [3] de journal qui relatait [4] ce rapt [5].

Un enlèvement mystérieux a eu lieu hier dans un hôtel de l'avenue Friedland.
Depuis quelques jours, un Hollandais, M. Pieter Claessens, occupait dans cet hôtel, au premier étage, un appartement qu'il partageait [6] avec sa nièce, Clara Van Gindertael, âgée de cinq ans, dont il est le tuteur, car l'enfant est orpheline.

---

1. **Trait** (m.) : ligne du visage.
2. **Enlever** : ravir, kidnapper.
3. **Coupure** (f.) : extrait d'un article.
4. **Relater** : mentionner, raconter.
5. **Rapt** (m.) : enlèvement.
6. **Partager** : diviser.

Le valet de chambre prenait soin[1] *de l'enfant.*
Hier donc, comme M. Claessens était sorti, ce domestique descendit aux cuisines où il resta une heure environ, laissant l'enfant seule dans l'appartement. Quand il revint, elle avait disparu.
Le signalement de la fillette est le suivant : assez grande pour son âge, mince, blonde, yeux bleus, portant une robe de soie blanche, des chaussettes blanches et des chaussures de vernis noir.
La police a ouvert une enquête.

Pieter Claessens était arrivé à La Rochelle trois jours après la découverte de celle qui n'était à ce moment, selon l'expression des journaux, que *l'inconnue du fort Bayard.*

Il avait lu le récit de l'étrange découverte des yachtsmen dans les journaux. Ceux-ci avaient publié une photographie de la jeune fille.

Ils avaient signalé en outre qu'elle portait au poignet gauche la cicatrice d'une brûlure ancienne.

C'est ce qui servit surtout au tuteur pour identifier la jeune fille, qui déclara que la brûlure avait été occasionnée, quand l'enfant n'avait que quatre ans, par l'explosion d'un réchaud[2] à alcool.

L'affaire en était là. Et on imagine sans peine les questions multiples qui se posaient.

Qui avait enlevé Clara Van Gindertael, treize ans plus tôt ?
Pourquoi l'avait-on amenée au fort Bayard ?
Qui lui avait apporté régulièrement de la nourriture ?
Quels intérêts s'agitaient derrière ce drame hallucinant ?

La principale intéressée, la victime, ne pouvait rien dire. De l'avis des médecins, plusieurs années seraient nécessaires pour faire d'elle un être normal, et certains spécialistes doutaient

---

1. **Prendre soin** : s'occuper.
2. **Réchaud** (m.) : petit fourneau portatif.

Le secret du fort Bayard

même du succès.

Des reporters s'étaient abattus sur le fort Bayard. Des photographies des lieux avaient paru dans tous les quotidiens.

Les hypothèses les plus invraisemblables avaient été émises [1].

Enfin, on s'étonnait surtout de voir George en liberté. Je savais, moi, que c'était sur la demande expresse de G. 7, qui avait télégraphié de Paris à La Rochelle, dès qu'il avait eu vent de [2] l'affaire.

Quelle était son opinion ? Et pourquoi notre première démarche [3] était-elle pour visiter le fort, alors qu'il m'eût semblé plus logique de voir d'abord la victime elle-même, d'autant plus que nous avions dû passer par La Rochelle ?

Je n'en sais rien.

G. 7 était aussi calme que le marin.

Et les deux hommes n'étaient pas sans avoir certains points de ressemblance. Ils étaient l'un comme l'autre avares de paroles. Ils avaient les mêmes prunelles claires, la même stature puissante.

— Est-ce que leur silence, à l'un comme à l'autre, était un défi ?

J'étais mal à l'aise. J'errais [4] maladroitement dans ce carré entouré de murs où mes pieds glissaient [5] sur des algues. Et les boîtes à conserve vides avaient ici une signification autrement sinistre qu'ailleurs !

Il y en avait un monceau [6].

L'obscurité commençait déjà à nous entourer, alors qu'il n'était

---

1. **Émis** : ici, fait.
2. **Avoir vent de** : apprendre.
3. **Démarche** (f.) : ici, étape de l'enquête.
4. **Errer** : rôder.
5. **Glisser** : se déplacer d'une façon volontaire ou non, sur une surface lisse.
6. **Monceau** (m.) : grande quantité.

pas trois heures. Nous entendions les heurts [1] de la coque [2] du bateau contre la muraille, à chaque lame [3].

G. 7 lui, allait et venait à pas lents, tête basse.

« Il y a combien de temps que vous êtes marié ? » questionna-t-il soudain en se tournant vers George.

Celui-ci tressaillit, répondit vivement :

« Dix-huit ans...

— Vous... vous aimez votre femme ?... »

Je vis s'agiter la pomme d'Adam du pêcheur, qui fut quelques instants sans pouvoir parler. Enfin, je distinguai dans un sourd murmure :

« ... et les petits...

— Allons ! » conclut G. 7 d'une façon inattendue en se dirigeant vers la seule brèche par laquelle nous pouvions accéder au cotre.

Et il me prit le bras. Il me souffla [4], tandis que George hissait les voiles :

« L'affaire ne fait que commencer ! »

La suite de son discours, je l'entendis par bribes [5], dans la tempête qui se levait, tandis que je gardais les yeux rivés sur George, immobile à l'arrière, roidi [6] par son ciré, la barre entre les jambes, l'attention concentrée sur le gonflement de la voile.

(à suivre...)

---

1. **Heurt** (m.) : coup, choc.
2. **Coque** (f.) : carcasse du bateau.
3. **Lame** (f.) : vague.
4. **Souffler** : suggérer en chuchotant.
5. **Bribes** (f. pl.) : fragments.
6. **Roidi** : rendu raide.

ACTIVITÉS

Avant de lire le dénouement, découvrons ensemble...

... quels sont les personnages de l'histoire?

Après avoir lu le texte, remplissez le tableau suivant avec les indications recueillies sur les personnages:

George
Sa femme
Clara
Pieter Claessens

Examinez ces affirmations et dites si elles sont vraies ou fausses. Sous chaque affirmation fausse, rétablissez la vérité:

V F

- George est le seul pêcheur de l'île d'Aix ☐ ☐
  qui possède un bateau pour la pêche au chalut.

....

- Les gens de l'île accusent George car il est ☐ ☐
  le seul à naviguer près du fort Bayard de
  temps en temps.

....

ACTIVITÉS

- Sa femme et ses enfants ne semblent pas ☐ ☐
  se soucier de l'atmosphère de suspicion
  qui pèse sur la maison.

- George montre des signes d'inquiétude ☐ ☐
  quand G. 7 lui demande de le conduire au fort.

- Clara, qui a maintenant dix-huit ans, a été ☐ ☐
  enlevée à l'âge de cinq ans.

- Bien que hollandaise, Clara parle ☐ ☐
  parfaitement le français.

- Dès qu'il apprend que sa nièce a été ☐ ☐
  retrouvée, Pieter se précipite à La Rochelle.

... quels sont les personnages soupçonnés?

- Pourquoi George est-il le principal suspect?
- Pourquoi, à votre avis, G. 7 a-t-il télégraphié de Paris pour que George reste en liberté?
- Est-ce que l'attitude calme de George vous semble être typique de celle d'un coupable?

... où se déroule l'action?

Relisez le texte et complétez les phrases suivantes avec les mots qui vous sont donnés:

Flots / stratégique / sinistre / communication / personnes / rade / île / semée / pêche / habitée / voix.

- L'............ d'Aix est située au centre de la .... formée par les îles de Ré et Oléron. Point .... très important, cette rade a été .... de forts qui se dressent encore au milieu des .... L'île est .... par une centaine de .... qui vivent de la ………… . Le décor est âpre, même ………… . Au mois de novembre il est ………… car l'océan enfle sa ………… et les habitants ………… restent parfois des semaines sans ………… avec la côte.

... où a lieu l'enlèvement?

- Où est-ce que Clara a été enlevée? Dans quelle ville?
- Où est-ce qu'elle a été retrouvée?

... quand a lieu l'enlèvement?

- Il y a combien d'années que Clara a été enlevée?
- Depuis combien de jours Clara a-t-elle été retrouvée?

Réfléchissons

- Pourquoi, selon vous, la jeune fille a été cachée, prisonnière dans l'île, pendant si longtemps?
- Est-ce qu'il est possible que les ravisseurs de Clara l'aient nourrie pendant toutes ces années?
- Pourquoi est-ce que ces personnes ne l'ont pas tuée?
- Quel est le rôle de George dans cette affaire?
- Faisait-il partie du groupe de personnes qui a organisé l'enlèvement?
- Est-il possible que la fille du fort Bayard ne soit pas Clara?
- Comment peut-on être si sûr de la reconnaître après tant d'années?

« Le coupable s'est trahi lui-même, voyez-vous ! Relisez la coupure du journal que je vous ai communiquée. Relisez le signalement [1] de la fillette. Il s'agissait à ce moment de donner un signalement aussi complet que possible, permettant de la retrouver, n'est-ce pas ? On parle des souliers, des chaussettes ! Et on ne parle pas de la brûlure au poignet, *parce qu'elle n'existe pas encore.*

« Grâce à cela, je savais la vérité avant de venir.

« Ecoutez plutôt... Pieter Claessens, qui n'a pas de fortune personnelle, est à la fois l'oncle et le tuteur de Clara, qui, elle, est très riche... Il est en même temps l'héritier de l'enfant...

« A-t-il peur d'un crime à proprement parler ?... Craint-il qu'on l'accuse ?... Je n'en sais rien...

« Toujours est-il qu'il enferme ou fait enfermer Clara au fort Bayard où il la livre en quelque sorte à son sort...

« Elle y mourra fatalement...

« En attendant, après les délais [2] légaux, il hérite. Il retourne dans son pays. Il ne se soucie pas de l'enfant...

« Pourquoi, soudain, après treize années, éprouve-t-il le besoin de savoir ce qu'elle est devenue, de s'assurer qu'elle est bien morte ?

« Je parie tout ce que vous voulez qu'il y a en perspective un héritage que la jeune fille seule peut toucher...

« Claessens se dit qu'elle est peut-être vivante, que des gens peuvent l'avoir recueillie... Il revient voir... Au fort Bayard, il la retrouve...

« Mais encore lui faut-il la retrouver *officiellement*. Encore faut-il officiellement *la reconnaître.*

« Une seule ressemblance, après tant d'années, ne suffira pas à la Justice... Une marque [3] vaut mieux... Une cicatrice, par exemple...

---

1. **Signalement** (m.) : description détaillée d'une personne.
2. **Délai** (m.) : temps accordé pour faire une chose.
3. **Marque** (f.) : signe sur la peau.

« Il n'y a qu'à brûler le poignet de la jeune fille...

« Claessens retourne en Hollande. Des complices jouent la comédie du yacht et de la découverte.

« Les journaux signalent celle-ci.

« Il accourt... Trop vite, d'ailleurs ! Et il met aussitôt en avant cette histoire de cicatrice...

« C'est la faute ! Je le répète, si elle avait existé lors du rapt, il en aurait été question dans le signalement...

« Comprenez-vous maintenant que l'affaire ne fasse que commencer ? L'homme se croit tranquille, à l'abri de tout soupçon...

« Un autre est accusé...

— George ? » questionnai-je.

G. 7 regarda le pêcheur, baissa la voix.

« Et il ne parlera pas !... Pourquoi ?... Il a découvert l'enfant, jadis, par hasard... Il a caché cette découverte, pour des motifs que je ne m'explique pas très bien... Ces simples ont parfois une âme horriblement compliquée. A-t-il craint qu'on traite son récit de fable [1] ?... Encore une fois, je l'ignore... Il a nourri l'enfant, qui peu à peu est devenue femme...

« Commencez-vous à deviner ?...

« C'est monstrueux, je sais !

« Clara, dit-on, en dépit de son étrange vie, est belle...

« Et cet homme venait ici chaque mois, chaque semaine...

« Il a succombé à la tentation. Depuis combien de temps ?... Il ne le dira pas... Il ne dira rien que contraint et forcé... »

Jusque-là, je n'avais cessé de regarder George. Je me tournai brusquement vers la mer, et ce fut un soulagement [2] pour moi de m'annihiler [3] en quelque sorte dans le vacarme des éléments déchaînés.

---

1. **Fable** (f.) : histoire inventée.
2. **Soulagement** (m.) : sensation agréable par laquelle on se débarrasse peu à peu d'une inquiétude ou d'une douleur.
3. **S'annihiler** : s'annuler.

Dénouement

Répondez aux questions suivantes en cochant la bonne réponse:

1. Est-ce que la fille du Fort Bayard est vraiment Clara?
    a. ☐ oui, c'est sûrement elle
    b. ☐ non, c'est une fille du village qu'on a cachée car elle est gravement handicapée
    c. ☐ on ne sait pas: la police n'arrive pas à établir son identité avec certitude
2. Est-ce que George avait participé à l'enlèvement?
    a. ☐ on ne peut pas prouver cette accusation
    b. ☐ non, il n'y est pour rien
    c. ☐ oui, il est impliqué dans ce rapt
3. Qui a organisé l'enlèvement?
    a. ☐ l'oncle de la jeune fille
    b. ☐ une bande de malfaiteurs parisiens
    c. ☐ George
4. Comment le coupable s'est-il trahi?
    a. ☐ en laissant des objets compromettants dans le fort
    b. ☐ par une lettre anonyme
    c. ☐ en signalant la présence d'une brûlure au poignet de la jeune fille
5. Quel a été le mobile de l'enlèvement?
    a. ☐ un héritage
    b. ☐ une rivalité
    c. ☐ la petite fille a été enlevée par erreur à la place d'une autre enfant

6. Quel a été le rôle de George dans cette affaire?
- **a.** ☐ il a été accusé injustement, car il n'a jamais rencontré la jeune fille du fort Bayard
- **b.** ☐ il a trouvé la petite fille par hasard, il l'a nourrie, elle a grandi et est devenue sa maîtresse
- **c.** ☐ il s'est occupé de la jeune fille pour le compte de la personne qui avait organisé l'enlèvement

12

LE DRAME DE DUNKERQUE

Il s'appelait Simon Cohen. Nous ne l'avons vu, G. 7 et moi, ni vivant, ni mort. Quand nous arrivâmes à Dunkerque, des tas de gens avaient, si je puis [1] dire, piétiné le terrain [2] : policiers, magistrats, médecins et experts. C'est l'habituel handicap de G. 7, qui n'est lancé sur une affaire, surtout en province, que quand celle-ci, après plusieurs jours, parfois après plusieurs semaines, paraît trop embrouillée [3] aux compétences locales.

Nous ne vîmes donc pas la victime, Simon Cohen. Mais nous vîmes ses magasins, son portrait, sa chambre et surtout ses cousins. Enfin, nous entendîmes parler de lui.

Il ne nous fallait pas beaucoup d'imagination pour reconstituer l'étrange figure du bonhomme.

Son métier, la façon dont il l'avait organisé étaient déjà tout un poème : Simon Cohen guettait les navires qui arrivaient dans le port. Les ancres étaient à peine mouillées [4] qu'il était à bord, sans seulement qu'on l'y eût vu monter [5], la plupart du temps.

Il avait les poches pleines de cartes commerciales dont l'originalité était, alors que le même nom de Simon Cohen y figurait, de porter trois adresses différentes.

Quand la vedette de la douane arrivait — et elle ne laisse guère aux équipages des navires le temps de respirer ! — Simon avait presque toujours achevé sa tâche.

---

1. **Je puis** : je peux.
2. **Piétiner le terrain** : marcher sur place; ici, chercher en vain une solution.
3. **Embrouillé** : compliqué.
4. **Mouillées** : ici, à peine jetées.
5. **Sans [...] monter** : sans qu'on le voie monter.

Le drame de Dunkerque

Et cela d'une façon si discrète, que les intéressés seuls l'avaient remarqué.

D'abord, il savait quelles denrées [1] manquaient à bord, à qui il fallait donner un pourboire [2] pour obtenir la fourniture — et c'était chose faite !

Carte n° 1 : *Maison Cohen — Comestibles en gros — Pétroles et essences — Vins, liqueurs et spiritueux — 22, quai de la Mégisserie.*

Ce n'était pas tout. Simon savait aussi ce qu'il y avait à bord en fait de vieux cordages, de ferrailles, de rebuts [3]. Et c'était déjà racheté.

Seconde carte : *Maison Cohen — Métaux, Cordages — Neuf et occasion* [4] *— 17, rue Sainte-Barbe.*

Enfin, la tâche [5] la plus délicate : Simon, les doigts grattant son menton aux poils blonds et clairsemés [6], accostait les officiers, les quartiers-maîtres [7]. Il parlait bas. Peu importait la langue de ses interlocuteurs. Il pouvait traiter avec les Anglais, les Suédois, les Allemands, les Grecs ou les Turcs.

Quand il s'en allait, il avait racheté une ou deux lignes de loch [8], voire un chronomètre, un sextant ou quelque autre

---

1. **Denrée** (f.) : marchandise destinée à la consommation.
2. **Pourboire** (m.) : petite somme d'argent remise à titre de récompense.
3. **Rebut** (m.) : chose sans valeur ou abîmée que l'on jette.
4. **(d') occasion** : se dit des choses qui sont vendues bon marché parce qu'elles ne sont pas neuves.
5. **Tâche** (f.) : travail que l'on doit exécuter.
6. **Clairsemé** : peu serré, peu dense.
7. **Quartier-maître** (m.) : marin de premier grade au-dessus de celui du matelot.
8. **Loch** (m.) : instrument qui mesure la vitesse d'un navire.

instrument de précision.

Troisième carte : *Maison Cohen — Objets d'art — Lunetterie — Optique — 18, quai de la Mégisserie.*

Tout cela, il le faisait sans bruit, tout seul. Je le répète : un bateau n'était pas arrivé d'une heure, que Simon avait terminé sa besogne [1] et qu'il s'en allait avec son même air modeste et effacé [2].

Il regagnait une de ses trois maisons : la boutique de comestibles, où les denrées s'entassaient par caisses et par sacs ; la lunetterie [3], dont la vitrine n'avait pas deux mètres de large, alors qu'elle contenait pour une fortune d'instruments de haute précision ; le magasin aux vieilles ferrailles et aux cordages enfin, lieu de prédilection de Cohen, vaste hangar [4] plein jusqu'au plafond d'ancres, de cabestans [5], d'aussières [6], de treuils [7], de poulies [8].

Il avait, par surcroît, de vieux canots sur l'eau, des moteurs démontés, des machines ahurissantes.

Il connaissait par leur nom des centaines de bateaux. Et, à bord de chacun, il y avait un ou plusieurs hommes qu'une indiscrétion de Simon eût déshonorés.

Non seulement ces hommes étaient satisfaits de recevoir des

---

1. **Besogne** (f.) : travail.
2. **Effacé** : humble, qui reste dans l'ombre.
3. **Lunetterie** (f.) : commerce de lunettes, d'appareils d'optique.
4. **Hangar** (m.) : grand abri fermé.
5. **Cabestan** (m.) : instrument qui sert à rouler ou dérouler un câble.
6. **Aussière** (f.) ou **haussière** : cordage.
7. **Treuil** (m.) : cylindre sur lequel on enroule une corde.
8. **Poulie** (f.) : roue autour de laquelle on enroule une corde servant à élever des fardeaux.

Le drame de Dunkerque

factures truquées, mais des officiers, des capitaines parfois, se laissaient tenter, vendaient à Simon une ligne de loch, un compas [1], voire une chaloupe, qui étaient ensuite portés au livre de bord comme perdus ou hors d'usage.

Au demeurant [2], tout le monde nous l'affirma, Cohen était un petit homme sale, débraillé [3], avec des chemises douteuses [4], des poils roux sur les mains, un maintien [5] modeste, presque honteux [6].

On ne lui connaissait aucun vice, aucune passion. Il était célibataire. Et il venait de quelque pays du Nord, la Lettonie, ou l'Estonie, ou la Finlande, à moins que ce soit la Russie.

Des gens étaient arrivés après lui un à un, qui étaient devenus les rouages [7] de l'organisation de Simon.

Ils s'appelaient tous Cohen. Ils étaient à peu près du même calibre. Mais chacun restait parqué [8] dans sa spécialité, l'un dans l'épicerie, l'autre dans les pétroles et essences, et ainsi de suite.

Or donc, huit jours avant notre arrivée à Dunkerque, Cohen avait été assassiné.

L'événement avait eu lieu quai de la Mégisserie. Car, alors que les locaux de la maison de comestibles, rue Sainte-Barbe, étaient beaucoup plus spacieux, Simon avait installé son home [9] derrière le vaste hangar aux cordages et à la ferraille.

Il y avait là, délimités par des cloisons [10] en planches ayant

1. **Compas** (m.) : boussole.
2. **Au demeurant** : au reste.
3. **Débraillé** : dont les vêtements sont en désordre.
4. **Douteux** : ici, sale.
5. **Maintien** (m.) : attitude.
6. **Honteux** : timide.
7. **Rouage** (m.) : ensemble des roues d'un mécanisme; ici, personne utile aux affaires de Cohen.
8. **Parqué** : enfermé.
9. **Home** (m.) : (mot anglais) habitation.
10. **Cloison** (f.) : mur léger qui limite les pièces d'une maison.

appartenu à un navire, un bureau étroit — une table, deux chaises et un coffre-fort — et une pièce qui servait de chambre à coucher, de salle à manger et de salon.

C'est dans le bureau qu'un matin, Simon Cohen avait été trouvé mort, un couteau de marin planté entre les omoplates [1].

On nous montra l'endroit exact, en face du coffre-fort dont la porte était encore ouverte.

C'est un de ses cousins qui, vers dix heures du matin, étonné de ne pas voir Simon, s'en vint au hangar, pénétra dans le bureau, découvrit le corps et donna l'alarme... Un médecin, qui examina le corps aussitôt, affirma que la mort remontait à la veille au soir. Il découvrit aussi que Cohen avait été assommé d'un coup de poing en plein visage avant d'être atteint par le couteau...

Nous trouvions malheureusement la besogne mâchée. Sur le bureau du juge d'instruction, il y avait déjà un dossier volumineux, avec des rapports de police et des rapports d'experts.

Nous savions que le coffre n'avait pas été fracturé [2], mais ouvert avec sa clef. Nous savions aussi que tout ce qu'il contenait, y compris des papiers sans importance, avait disparu.

Enfin, on nous servait un prévenu [3], un quartier-maître, arrêté dès le lendemain du crime.

C'était un Anglais, un nommé Dickson, qui avoua que la veille au soir il était allé au rendez-vous que le Juif [4] lui avait donné quelques heures plus tôt, lors de sa visite à bord de l'*Aquitan*.

L'*Aquitan* venait d'Angleterre avec une cargaison [5] de charbon. Selon son habitude, Simon avait grimpé à bord et s'était livré à sa

---

1. **Omoplate** (f.) : chacun des os plats triangulaires en haut du dos.
2. **Fracturé** : forcé.
3. **Prévenu** (m.) : personne accusée.
4. **Juif** (m.) : Cohen était juif, israélite.
5. **Cargaison** (f.) : ensemble des marchandises transportées par un navire.

mystérieuse besogne.

Dickson s'était approché de lui, lui avait parlé bas.

« J'avais besoin d'argent ! dit-il à l'instruction. Des bêtises que j'ai faites la veille du départ. Toute l'avance de paie pour un mois y a passé [1] et je n'avais plus rien à envoyer à la femme et aux enfants... »

Car Dickson était marié et habitait un petit cottage propret aux environs de Richmond. C'était un bon marin, généralement sobre. On avait été étonné de le voir rentrer ivre à bord lorsqu'on avait appareillé [2].

« Je savais que Simon rachetait n'importe quoi... Alors, comme j'avais mis de côté un sextant presque neuf...

— Qui appartenait à qui ?

— À la Compagnie !

— Donc, vous avez volé !... »

Dickson baissa la tête.

« C'est la première fois... Et pourtant, presque tous les autres le font... Vous comprenez ! Il y a tant de matériel à bord !...

— Vous avez conclu le marché avec le Juif ?

— Il n'a pas voulu me dire de prix. Il m'a donné rendez-vous quai de la Mégisserie pour le soir... J'y suis allé à six heures exactement, avec le sextant... Il valait au moins vingt livres [3]. Et ce voleur a osé m'en offrir quatre-vingts francs... Comprenez-vous ?... Je l'avais à la main... Ou plutôt il l'avait déjà dans les siennes qui étaient sales... Je ne pouvais pas reporter l'objet à bord... Je risquais de me faire prendre. Quatre-vingts francs !... Je n'aurais rien pu faire avec cela !...

« Il le savait !... Il me regardait tranquillement, sûr que je serais bien obligé d'y passer [4]...

« Alors, je ne sais ce qui m'a pris... Je me suis jeté sur lui. Je lui

---

1. **L'avance de paie [...] y a passé** : le salaire anticipé y a été consacré.
2. **Appareiller** : disposer le navire pour la navigation.
3. **Livre** (f.) : unité monétaire anglaise.
4. **Y passer** : en passer par là, ne pouvoir faire autrement.

ai envoyé mon poing en pleine figure et il a roulé par terre.

« Je ne pensais pas à le voler. Ce n'est qu'après coup que j'ai aperçu le coffre-fort qu'il avait ouvert pour y prendre les quatre-vingts francs.

« J'ai rempli mes poches... Je me suis sauvé...

« Je jure que je n'ai pas donné de coup de couteau, que je n'ai pas tué... »

Bien entendu, Dickson était sous clef. Les avis, à son sujet, étaient partagés. Son bateau était reparti.

Nous vîmes l'homme dans sa cellule, mais il ne répondit même pas à nos questions, car il était très abattu. Il avait fini par sombrer [1] dans une sorte d'abrutissement farouche [2] et par garder un silence absolu, même dans le cabinet du juge où il fallait littéralement le traîner.

Comme il arrive toujours en pareil cas, on avait cherché toutes les solutions possibles au mystère.

C'est ainsi qu'on avait découvert que Simon Cohen, en dépit de ses allures paisibles et effacées, avait une maîtresse, une veuve d'une quarantaine d'années, qui avait une petite pension, si bien que le Juif se contentait de lui donner mensuellement une somme infime.

Elle habitait à côté des locaux du quai de la Mégisserie, mais elle ne mettait jamais les pieds dans les magasins, son amant le lui ayant formellement interdit.

C'est lui qui allait la voir, parfois, à la tombée du jour, si discrètement que c'est à peine si deux ou trois voisins avaient remarqué son manège.

La femme était sans grâce. Ce qu'on appelle une forte femme [3]. Elle le prit de haut [4], cria qu'elle était honnête et que, du moment qu'elle était libre, elle n'était disposée à rendre des

---

1. **Sombrer** : ici, tomber.
2. **Farouche** : sauvage.
3. **Forte femme** : femme de caractère.
4. **Le prendre de haut** : réagir avec arrogance.

comptes à personne.

Elle finit pourtant par répondre au juge que le soir du crime elle n'avait pas vu Simon et que, en revenant du cinéma, elle avait été étonnée de voir la porte du hangar ouverte.

Mais elle n'était pas rentrée et elle était allée se coucher aussitôt.

« Il arrivait à votre amant de laisser la porte ouverte, le soir ?

— Quelquefois. Il avait des clients qui venaient très tard... Parfois on apportait de la marchandise au beau milieu de la nuit... »

Les Cohen, bien entendu, qui étaient au nombre de trois, avaient été questionnés eux aussi. Ils avaient tous trois entre trente et quarante ans, mais, contrairement à Simon, ils ne parlaient le français qu'avec un accent très prononcé.

« Simon a quitté notre village le premier, avec l'argent que nous avions réuni pour le voyage... Il était convenu que, dès qu'il aurait gagné assez pour payer notre billet de chemin de fer, il nous ferait signe... C'est arrivé un an plus tard... Nous sommes associés...

— Mais le soir du crime, où étiez-vous ? »

Les trois cousins habitaient une même maison. Deux d'entre eux étaient mariés. L'un avait trois enfants. C'était une tribu dont tous les membres vinrent témoigner dans un même sens.

La tribu au complet avait passé la soirée à écouter un concert par T.S.F.

Les quotidiens avaient reproduit la photographie du couteau retrouvé dans le corps de Simon.

Or, alors que nous étions à Dunkerque, une lettre arriva de Folkestone, écrite en mauvais français, sur du papier d'épicerie.

Elle émanait d'un marin anglais qui accusait un nègre, travaillant comme chauffeur [1] à bord de l'*Aquitan*, d'avoir commis le crime et qui affirmait que le couteau n'était autre que le couteau de ce nègre.

---

1. **Chauffeur** (m.) : celui qui est chargé d'entretenir le feu des chaudières.

179

On télégraphia à la police anglaise. Trois heures plus tard, on apprenait que le nègre en question, un Martiniquais du nom de Sébastien Cottet, s'était engagé comme soutier [1] à bord du *Hollandia*, qui était depuis deux jours en route pour Sydney.

« Ce que je voudrais, dit alors G. 7, à la grande stupeur du juge d'instruction qui en sursauta, c'est voir l'écriture des trois Cohen.

— Mais ils ne savent ni lire, ni écrire ! »

(à suivre...)

---

1. **Soutier** (m.) : matelot chargé de ranger les objets d'approvisionnement ou le charbon dans la cale du navire.

ACTIVITÉS

Avant de lire le dénouement, découvrons ensemble...

... quels sont les personnages de l'histoire?

Après avoir lu le texte, remplissez le tableau suivant avec les indications recueillies sur les personnages:

Simon Cohen
Dickson
La maîtresse de Cohen
Les trois cousins Cohen
Sébastien Cottet

Complétez les phrases suivantes en cochant la bonne réponse:

1. Simon Cohen était
   a. ☐ veuf
   b. ☐ célibataire sans vices ni passions
   c. ☐ marié avec deux enfants

2. Il venait
- **a.** ☐ d'un pays du Nord
- **b.** ☐ d'Angleterre
- **c.** ☐ d'Allemagne

3. Il était
- **a.** ☐ pêcheur
- **b.** ☐ commerçant
- **c.** ☐ marin

4. Dès qu'un navire arrivait dans le port de Dunkerque
- **a.** ☐ il s'y précipitait pour voler de la marchandise
- **b.** ☐ il guettait les marins pour voler leur salaire
- **c.** ☐ il s'y précipitait pour racheter des objets volés à bord par les membres de l'équipage

5. Cohen
- **a.** ☐ habitait à côté de sa boutique de comestibles
- **b.** ☐ habitait chez sa maîtresse
- **c.** ☐ s'était installé derrière son magasin de vieilles ferrailles

6. Sa maîtresse
- **a.** ☐ est une veuve de quarante ans environ
- **b.** ☐ est une femme mariée de quarante ans
- **c** ☐ est une veuve de cinquante ans

7. Dickson
- **a.** ☐ est un alcoolique
- **b.** ☐ est un bon marin qui boit rarement
- **c.** ☐ est un marin qui vole régulièrement des objets à bord du navire où il est engagé

ACTIVITÉS

8. Les trois cousins Cohen
  a. ☐ se sont installés en France avant Simon
  b. ☐ sont arrivés en France avec Simon
  c. ☐ sont arrivés en France après l'installation de Simon

9. Sébastien Cottet, soupçonné d'être l'auteur du crime
  a. ☐ a été arrêté par la police anglaise
  b. ☐ a été accusé par un marin anglais
  c. ☐ a été trahi par le chauffeur de l'*Aquitan*

... quels sont les personnages soupçonnés?

Voici les deux personnages qui sont jusqu'ici soupçonnés d'avoir commis le crime. Dites, pour chacun d'eux, pour quelles raisons ils pourraient être coupables:

- Dickson

  ....
  ....

- Sébastien Cottet

  ....
  ....

... où se déroule l'action?

- Dans quelle ville se déroule l'action? Dans quelle partie de la ville Simon exerçait-il ses activités?

... où a lieu le crime?

- Où se trouve le bureau de Cohen? À quelle adresse exactement?
- Pourquoi est-ce que sa maîtresse ne s'est pas étonnée

en voyant la porte du bureau ouverte?
- Qui a découvert le corps de Cohen? Quand cette découverte a-t-elle été faite?

... quand a lieu le crime?

- À quel moment de la journée a eu lieu le crime?
- Combien de jours après le crime G. 7 et le narrateur arrivent-ils à Dunkerque?

Réfléchissons

- Est-ce que, à votre avis, Dickson dit la vérité quand il affirme qu'il n'a pas tué Cohen?
- Quel intérêt pourrait avoir le marin anglais à accuser Sébastien Cottet?
- Si les deux suspects, Dickson et Cottet, sont innocents, qui peut avoir tué Cohen?
- Dickson a admis qu'il a volé le contenu du coffre-fort: si ce n'est pas lui l'assassin, quel peut être le mobile du crime? Qui avait intérêt à se débarrasser de Cohen?

Le drame de Dunkerque

« J'en étais à peu près certain, car les rares livres que tenait Simon ne contiennent pas une ligne, pas une note d'une autre écriture que la sienne. Mais passons aux hypothèses :

« 1° Ce pauvre Dickson, qui n'avait aucune raison, n'est-ce pas ? de tuer un homme déjà assommé. Hein ? Le désir de supprimer un témoin... Mais alors il eût emporté son sextant, qui suffisait à l'accuser... Dickson a agi comme un fou, c'est-à-dire comme un honnête homme qui commet une vilaine action pour la première fois de sa vie.

« 2° La maîtresse de Simon ? Elle pouvait être entrée en revenant du cinéma, et en voyant la porte ouverte... Mais pourquoi eût-elle tué ? Il ne restait rien à voler dans le coffre...

« Ne parlons pas du nègre. L'auteur de la lettre anonyme est certainement de bonne foi et il n'a pensé qu'à sauver son ami Dickson. Le couteau est sans doute, en effet, le couteau de Cottet... Mais il y a bien des chances pour que ce dernier l'ait vendu à Cohen afin de boire un coup de plus.

« Pourquoi le nègre eût-il tué ?

« Pourquoi ? C'est la question que j'ai posée pour chacun. Posons-la maintenant pour les trois Cohen *qui ne savent pas lire, qui sont de simples paysans ayant misé*[1] *sur un des leurs un peu plus intelligent.*

« Ils se sont associés pour l'envoyer faire fortune en France. Ils sont venus le rejoindre, ils l'ont aidé.

« Mais ils ne savent ni lire, ni écrire ! Autrement dit, leur cousin Simon peut se moquer d'eux, si cela lui plaît ?

« Ces voleurs ne sont-ils pas volés par un des leurs ?

« Le soir du crime, les trois hommes arrivent... Ils trouvent Simon assommé, le coffre vide.

« Leur cousin revient à lui, leur explique ce qui s'est passé... *Ils ne le croient pas...*

« Cela ne ressemble-t-il pas à une mise en scène ? N'est-ce pas

---

1. **Miser** : mettre, au jeu ou aux courses, une somme d'argent sur un numéro. Ici, ils ont mis tous leurs espoirs dans leur cousin.

185

un bon moyen de frustrer l'association d'une forte somme d'un seul coup ?

« Les trois illettrés [1] rongés par le doute, aigris par des mois et des années de soupçons, s'interrogent du regard.

« Un couteau de marin traîne... L'un d'eux frappe...

« Il ne reste plus qu'à aller faire la leçon [2], au sujet de l'alibi, aux femmes et aux enfants... »

À la Cour d'Assises même, on n'a pu déterminer au juste celui des trois qui a frappé. Si bien que c'est en bloc qu'on les a condamnés.

---

1. **Illettré** : analphabète.
2. **Faire la leçon** : donner des instructions à quelqu'un.

ACTIVITÉS

Dénouement

Répondez aux questions suivantes en cochant la bonne réponse:

1. Qui a tué Cohen?
    a. ☐ Dickson
    b. ☐ sa maîtresse
    c. ☐ Cottet
    d. ☐ les cousins

2. Quelle a été probablement l'arme du crime?
    a. ☐ un couteau provenant de la cuisine de la maîtresse de Cohen
    b. ☐ le couteau de Cottet
    c. ☐ un couteau appartenant à un des cousins

3. Quel a été le mobile du crime?
    a. ☐ l'intention de vider le coffre-fort
    b. ☐ la jalousie
    c. ☐ la sensation d'avoir été trompé par Cohen

4. Qu'est-ce qui permet à G. 7 de découvrir le coupable?
    a. ☐ le fait que les cousins ne savent ni lire ni écrire
    b. ☐ le fait que la maîtresse n'a pas été alarmée par la porte du bureau ouverte
    c. ☐ le fait qu'on connaît le propriétaire du couteau

5. Est-ce que la Cour d'Assises arrive à établir l'identité exacte de la personne qui a tué Cohen?
    a. ☐ non
    b. ☐ oui, un des cousins avoue
    c. ☐ oui, mais l'assassin échappe à la police

13

L'INCONNUE D'ÉTRETAT

LE type par excellence de l'affaire retentissante [1], susceptible de transformer en un clin d'œil tous les reporters en autant de détectives amateurs [2], de fournir des colonnes de descriptions « genre littéraire » et de déductions subtiles.

Ce fut moins une [3] que cent autos arrivassent sur les lieux avec photographes, appareils de cinéma. Mieux encore : l'Angleterre eût donné, et Dieu sait si elle est plus riche que n'importe quel autre pays du monde en policiers bénévoles.

Car la découverte du crime eut lieu à deux pas d'Étretat qui, avec Le Touquet [4], constitue l'été une sorte de fief [5] anglais de ce côté du chenal. Le mois de septembre était splendide. Les hôtels étaient bondés.

Mais le hasard, pour une fois, fit bien les choses. Le corps, qui eût pu être trouvé par un promeneur ou par le premier paysan venu, fut aperçu par un gendarme qui, par miracle, s'en revenait de Bénouville en longeant le sentier de la falaise [6].

Bénouville est un village de trois cents âmes [7], à deux kilomètres et demi d'Étretat. Il est perché [8] tout au-dessus de la

---

1. **Retentissant** : ici, dont on parle beaucoup.
2. **Amateur** : celui qui s'adonne à une activité qui n'est pourtant pas sa profession.
3. **Ce fut moins une** : il s'en fallut (il manqua) de très peu.
4. **Étretat et Le Touquet** : stations balnéaires sur la Manche.
5. **Fief** (m.) : ici, territoire.
6. **Falaise** (f.) : sur les côtes, rocher escarpé à cause de l'érosion marine.
7. **Âme** (f.) : personne.
8. **Perché** : situé à un endroit élevé.

L'inconnue d'Étretat

falaise qui, à cet endroit, atteint une centaine de mètres de hauteur et au bord extrême de laquelle les vaches viennent brouter.

Le long de cette falaise court un étroit chemin qui, arrivé au-dessus d'Étretat, dévale [1] soudain en pente raide, contourne la « chapelle des marins », plantée à même le rocher, et débouche entre deux hôtels de luxe.

C'est à un kilomètre à peine de Bénouville que le gendarme, un certain Liberge, récemment promu [2], aperçut quelque chose de clair dans les hautes herbes. L'instant d'après, il pouvait contempler les restes d'une femme qui avait dû être jeune, riche, jolie, mais qui n'offrait plus qu'un spectacle affreux [3].

C'était le crime ignoble : le dépeçage [4]. On ne retrouvait que des lambeaux [5] de vêtements : un pull-over de soie, une combinaison et quelques bouts de tissu très fin.

Le gendarme était seul. Il sortait de l'école et il avait sa théorie toute fraîche à la mémoire. Il ne toucha à rien. Il courut coudes au corps [6] jusqu'à Étretat.

Le hasard continua à faire bien les choses. Le brigadier, au lieu de se montrer trop zélé, téléphona aussitôt à Paris.

Cinq heures plus tard, nous étions là. Les gens se baignaient sans se douter de la découverte faite le matin même. D'autres grimpaient le long de la falaise, mais, selon l'habitude des promeneurs, ne poussaient [7] pas plus loin que la chapelle.

En soixante minutes, toutes les constatations possibles furent

---

1. **Dévaler** : aller vers le bas très rapidement.
2. **Promu** : qui a reçu une promotion.
3. **Affreux** : horrible.
4. **Dépeçage** (m.) : action de couper en morceaux.
5. **Lambeau** (m.) : morceau arraché.
6. **Coudes au corps** : très rapidement.
7. **Pousser** : ici, aller.

faites, les photos prises, ainsi que des mensurations [1] de toutes sortes.

Le soir, le corps était à la morgue [2], et les journaux qui paraissaient n'en soufflaient pas un mot.

G. 7 avait son idée. Le lendemain, en effet, l'annonce suivante passait dans les quotidiens les plus lus de la région et était affichée au Casino :

« *Trouvé, sur la grand-route d'Étretat à Bénouville, une bague avec diamant rose. S'adresser, M. Henry, hôtel Meurice, tous les jours, de 18 à 19 heures.* »

Ce n'était pas une invention. La bague existait réellement. G. 7 l'avait retirée du doigt même de la victime qui, par ailleurs, avait été soigneusement dépouillée [3] de tout ce qui eût pu servir à établir son identité.

Mais y a-t-il un seul exemple d'assassin, en pareil cas, ne commettant pas un oubli quelconque ? Celui-ci avait oublié la bague, ou l'avait négligée.

G. 7 avait soin, dans son annonce, de ne pas parler du sentier de la falaise, mais de la grand-route qui gagne Bénouville par l'intérieur des terres et qui conduit à Fécamp.

« Vous avez de l'espoir ? » questionnai-je le premier soir, tandis que nous attendions dans notre chambre d'hôtel d'où nous dominions la plage de galets [4].

Il esquissa [5] un geste vague. Il fuma. Une heure plus tard, il remarqua :

« Sept heures ! Fini pour aujourd'hui... »

---

1. **Mensuration** (f.) : mesure.
2. **Morgue** (f.) : lieu où sont déposés les cadavres non identifiés.
3. **Dépouillé** : ici, privé.
4. **Galet** (m.) : caillou arrondi par la mer.
5. **Esquisser** : faire légèrement.

L'inconnue d'Étretat

Une enquête discrète avait été menée d'autre part. On s'était assuré qu'une voyageuse descendue dans un des hôtels de la ville n'avait pas disparu d'une façon mystérieuse. On avait averti la police du Havre, de Fécamp, de Rouen, de Dieppe, de Saint-Valéry.

Aucune plainte ! Aucune nouvelle !

Les médecins avaient terminé leur tâche. La victime devait avoir une trentaine d'années. La mort était due à la strangulation. Enfin, le sinistre dépeçage avait été fait par une main qui ne tremblait pas.

Le lendemain, à six heures de l'après-midi, nous étions à nouveau à notre poste, c'est-à-dire dans la chambre de G. 7, où quelques précautions avaient été prises.

Un revolver était dissimulé à portée de la main de mon ami. J'étais installé de telle sorte que je n'avais qu'un geste à faire pour fermer la porte à clef. Enfin, j'avais à ma disposition des menottes [1] toutes prêtes pour le cas de résistance.

En bas, dans la grande salle, des gens prenaient le thé et dansaient. Nous entendions en même temps l'orchestre du casino dont les sons se mêlaient d'étrange manière à ceux de l'orchestre de l'hôtel.

Enfin, le bruit des galets remués par une mer assez forte...

« En somme, il n'y a pas une chance sur dix... » soupirai-je soudain en regardant G. 7 qui n'était pas sans laisser percer [2] quelque nervosité.

Il allait répondre quelque chose, mais je ne sus jamais quoi, car on frappa à la porte. Je sentis un choc dans ma poitrine. Je me tournai vers la porte. Cet instant fut vraiment émouvant. Je pensais que l'homme qui, selon l'expression consacrée, avait coupé une femme en morceaux, allait apparaître brusquement, dans cette pièce même, à portée de notre main, qu'il allait parler sans se douter que nous savions.

---

1. **Menottes** (f. pl.) : bracelets métalliques reliés entre eux, aux poignets des prisonniers.
2. **Qui [...] laisser percer** : qui laissait apparaître.

J'essayais machinalement d'imaginer son aspect, ses attitudes, le son de sa voix.

« Entrez !... »

En se levant, G. 7 me poussa un magazine dans les mains. Il fit quelques pas vers la porte, s'inclina. Je regardais ailleurs, grâce à un puissant effort de volonté.

« Entrez, mademoiselle... Je suppose que vous venez à la suite de l'annonce ?... »

Je me tournai d'une seule pièce, j'aperçus une jeune fille qui n'avait pas vingt-deux ans, jolie, pétillante [1], pareille dans sa tenue à toutes celles qui dansaient en ce moment même en dessous de nous.

« J'ai lu l'annonce, oui !... dit-elle avec un fort accent anglais. J'étais à Calais et j'allais embarquer pour l'Angleterre... Mes vacances sont finies et je ne comptais pas revenir si tôt à Étretat... Mais cette bague est un souvenir de ma mère...

— Veuillez m'excuser, miss, si je vous en demande quelques mots de description... Vous comprendrez que c'est la coutume et que, si j'agis de la sorte, c'est uniquement pour être en règle...

— La bague est en platine. Douze griffes [2] maintiennent le diamant qui pèse... »

J'avais eu un espoir. J'avais pensé à une erreur. Mais aucun doute n'était plus possible.

« Très bien ! Ce n'est pas la peine de continuer. Je vais vous remettre immédiatement le bijou... »

Et G. 7 se dirigea vers un meuble. Je regardais toujours la jeune Anglaise, et tout ce que je puis en dire, c'est qu'elle ressemblait à toutes les Anglaises de bonne famille que l'on rencontre l'été sur les plages. Rien de caractéristique. Pas le plus petit détail capable d'accrocher [3] le regard.

---

1. **Pétillant** : ici, plein de vivacité.
2. **Griffe** (f.) : petit crochet qui maintient une pierre sur un bijou.
3. **Accrocher** : retenir.

L'inconnue d'Étretat

G. 7 avait le bijou à la main.

« Il me reste une dernière formalité à accomplir. Voici un bout de papier, un stylo. Veuillez rédiger deux lignes de reçu, avec votre nom et votre adresse... »

Elle ne se troubla pas. Elle écrivit :

« Je soussignée, Betty Tomson, London, 18 Regent Str... »

Et G. 7 lui dicta le reste sans qu'elle tressaillît une seule fois. Après quoi elle hésita un peu, enfouit [1] la bague dans son sac à main, tira de celui-ci un mince [2] portefeuille en lézard [3].

« Excusez-moi... dit-elle avec embarras. Mais vous avez fait des frais... Mais oui ! L'annonce... Il est juste que... »

Elle chiffonnait [4] un billet de dix livres sterling.

« Attendez ! » dit l'inspecteur en pressant sur un timbre [5].

Le garçon d'étage se présenta. Mon ami lui tendit le banknote.

« Trop heureux de vous avoir rendu service, mademoiselle... »

Elle était sur le seuil [6]. Elle n'avait plus qu'à prendre congé. G. 7 restait debout au milieu de la pièce. Il y eut quelques instants de silence et d'embarras.

« Vous retournez à Londres ? consentit enfin à murmurer l'inspecteur.

— À Londres, oui...

— Vous voudriez être assez aimable pour présenter mes respects à Mme Hawkins ?

— Mme Hawkins ?...

— Mais oui ! Qui habite le même immeuble que vous ! 18, Regent Street... Vous devez la connaître...

— Certainement... Certainement...

---

1. **Enfouir** : mettre tout au fond.
2. **Mince** : peu épais.
3. **Lézard** (m.) : petit reptile que l'on trouve dans les jardins.
4. **Chiffonner** : froisser.
5. **Timbre** (m.) : sonnette.
6. **Seuil** (m.) : porte d'entrée.

— Une charmante personne, n'est-ce pas ?
— Charmante oui... Mais vous permettez ?... Il va être l'heure de mon train... »

Je ne savais rien de ce qui allait se passer. J'attendais, horriblement mal à l'aise.

« C'est monsieur votre père qui vous attend au coin de la rue ?
— Heu... c'est... c'est-à-dire que c'est mon chauffeur [1].
— Vous êtes venue en voiture ?
— Oui, en voiture... Au revoir, messieurs... »

Elle sortit vivement, à reculons [2]. Je m'attendais à voir G. 7 se précipiter sur ses traces, mais il courut au contraire à la fenêtre. La jeune fille ne tarda pas à pénétrer dans une voiture où l'attendait un vieillard à l'allure respectable.

« Nous ne les poursuivons pas ?
— Regardez.
— Oui ! Ils filent ! Je le vois...
— Regardez à gauche...
— Le jeune homme avec sa raquette ?
— Non ! Cet homme en culotte [3] de golf...
— Qui est-ce ?
— Je n'en sais rien ! Et peu importe pour l'instant... Faites-moi le plaisir d'arrêter une voiture de louage [4]... Il y en a sur la place. Précipitez-vous sur les traces de l'auto...
— Je ne la rattraperai pas...
— Peu importe... »

Je dus aller jusqu'à Calais où je retrouvai la voiture. Mais le vieux gentleman y était seul. Aucune trace de l'Anglaise.

L'homme était grand, blanc de cheveux, avec un visage glabre et froid. Il prit un billet de traversée pour Douvres et j'allais le suivre quand, au bureau de la Compagnie, on me remit un

---

1. **Chauffeur** (m.) : personne dont le métier est de conduire.
2. **À reculons** : en marchant en arrière.
3. **Culotte** (f.) : ici, pantalon qui descend jusqu'au-dessous des genoux.
4. **De louage** : de location.

télégramme de G. 7.

« Revenez immédiatement Étretat. »

Je ne comprenais plus rien. Jamais, au cours d'une enquête, je n'avais perdu à ce point le fil de l'histoire.

Je n'arrivai à Étretat qu'au petit jour. G. 7 dormait. À peine réveillé, il me désigna un bout de papier posé sur ma table de nuit.

« Les renseignements que j'ai obtenus ici sur l'homme que vous avez suivi... », me dit-il.

Et je lus :

Sir Herbert Howard, cinquante-cinq ans, ancien membre de la Chambre des Communes. A épousé voilà un an une danseuse américaine âgée de trente ans, se faisant appeler Dorothy Bird, mais dont les origines sont plus que douteuses[1]. *A renoncé à cause de ce mariage au monde et à la politique. Se trouve à Étretat avec sa femme, hôtel Majestic, depuis trois semaines.*

« Alors ? questionnai-je.

— Alors, rien ! Je me contente d'éclairer votre lanterne...

— Vous trouvez que ça éclaire quelque chose, vous ?

— Heu !... Cela dépend... Dites donc ! Vous n'avez pas eu l'impression que vous étiez suivi, cette nuit ?

— Je n'ai rien remarqué...

— Regardez par la fenêtre... La plage doit être déserte, n'est-ce pas ?

— Il y a un groupe de pêcheurs, près des barques...

— C'est tout ?

— Pardon ! Quelqu'un fait les cent pas sous nos fenêtres... »

G. 7 s'étira paresseusement, tendit la main vers son étui à cigarettes, et soupira :

« Alors, tout va bien... »

(à suivre...)

---

1. **Douteux** : équivoque.

ACTIVITÉS

Avant de lire le dénouement, découvrons ensemble...

... quels sont les personnages de l'histoire?

Après avoir lu le texte, remplissez le tableau suivant avec les indications recueillies sur les personnages:

Betty Tomson
Sir Herbert Howard

Complétez les phrases avec les mots suivants:
Falaise / région / gentleman / gendarme / jeune / morceaux / habite / voiture / annonce / ancien / corps / bague / ignore / trouve / victime / balnéaire / concerne.

- Cette enquête .... un crime qui a lieu près de la ville d'Étretat, une station .... située sur la Manche. Sur le sentier qui longe la ...., un .... appelé Liberge .... par hasard le .... d'une femme coupée en .... Pour découvrir l'identité de la ...., G. 7 fait publier une .... dans les quotidiens les plus lus de la .... Une .... fille se présente à l'hôtel Meurice pour réclamer la .... dont il est question dans l'annonce. Elle ...., ou fait semblant d'ignorer, que cette bague appartenait à la victime. La jeune fille dit qu'elle s'appelle Betty Tomson et qu'elle .... à Londres. Quand elle sort de l'hôtel, elle monte rapidement dans une .... où un vieux .... à l'allure respectable l'attend. Par la suite, les enquêteurs apprennent que le «chauffeur» est en réalité Sir Herbert Howard, un .... membre de la Chambre des Communes.

... quels sont les personnages soupçonnés?

- Est-ce qu'il y a des personnages soupçonnés?
- Est-ce qu'on connaît leur identité?

... où se déroule l'action?

Soulignez dans le texte la description du village de Bénouville et faites ensuite un bref résumé en complétant les phrases suivantes:

- Bénouville est un village de trois cents habitants situé

....

Cette partie de la côte de la Manche constitue une sorte de ....
car..
Le village de Bénouville est perché...............................
Le long de cette falaise il y a ....

... où a lieu le crime?

Où découvre-t-on le corps de la victime?

... quand a lieu le crime?

- En quel mois a lieu le crime?
- Combien de temps après la découverte du corps G. 7 arrive-t-il à Étretat?

Réfléchissons

- Est-ce que la jeune fille qui réclame la bague vous semble sincère?
- Pensez-vous que, si elle était coupable, elle aurait le courage de réclamer un objet ayant appartenu à la victime?
- Pourquoi, selon vous, un ancien membre de la Chambre des Communes s'abaisse-t-il jusqu'à faire semblant d'être le chauffeur de la jeune fille?
- Hors de l'hôtel, un personnage mystérieux fait les cent pas: qui peut-il être?

Parmi les solutions suivantes, laquelle vous semble correspondre à la réalité?:

- Betty Tomson est en réalité la femme de Sir Howard. La victime faisait chanter l'épouse, au passé douteux, de sir Howard. Celle-ci a tué la femme avec la complicité de son mari. L'homme mystérieux est un complice de la victime qui veut tuer à son tour les Howard pour se venger.
- La victime était la femme de Sir Howard. Elle a été tuée par son ancien amant parce qu'elle voulait le quitter. C'est lui l'homme mystérieux qui rôde autour de l'hôtel. La jeune fille qui a réclamé la bague ne savait rien de cette affaire. C'est Sir Howard qui l'a envoyée à l'hôtel car, ne sachant pas ce que sa femme était devenue, il craignait le scandale.
- Betty Tomson est la nouvelle maîtresse de Sir Howard. Les deux amants ont fait assassiner Mme Howard parce qu'elle refusait de divorcer. L'homme qui fait les cent pas autour de l'hôtel est l'assassin. C'est un homme dangereux qui maintenant fait chanter Sir Howard.

L'inconnue d'Étretat

« Un premier point que je suppose que vous avez acquis en même temps que moi, commença G. 7, c'est que notre jeune Anglaise ne savait rien. Elle ne savait rien et pourtant elle mentait, jouait un rôle... Autrement dit, elle était envoyée par quelqu'un qui lui avait demandé de jouer ce rôle, sans doute moyennant[1] rétribution...

« L'histoire de Mme Hawkins, qui n'existe que dans mon imagination, m'a éclairé...

« Restait à savoir si notre jeune fille était envoyée par l'assassin ou une autre personne...

« L'auto à la porte, avec un gentleman attendant dans celle-ci, m'a donné à penser qu'il ne s'agissait pas de l'assassin, car un homme jouant sa tête eût été, sans doute, plus prudent.

« D'autre part, j'apercevais un autre quidam, en culotte de golf, qui allait et venait en ayant soin de se mêler autant que possible à la foule...

« Autrement dit, notre jeune fille et son compagnon étaient surveillés...

« Je vous ai envoyé à Calais. Vous avez fait figure de policier. Je voulais savoir si l'homme en culotte de golf vous suivrait.

« Il s'en est bien gardé. Par contre, il n'a cessé d'errer aux alentours de l'hôtel...

« Celui-là nous a repérés depuis notre arrivée.

« Il savait que nous étions deux... Vous commencez à comprendre ?

« J'avais le numéro de la voiture. La police anglaise est bien faite. En quelques minutes Scotland Yard me donnait les renseignements utiles sur Sir Howard.

« Le reste n'est plus qu'un enchaînement de déductions, mais de déductions que nous ne tarderons pas à vérifier : Dorothy Bird arrivant en Angleterre, en compagnie de son amant, un aventurier américain quelconque. Elle fait connaissance de Sir

---

1. **Moyennant** : au moyen de.

Howard. Il l'épouse.

« C'est la fortune ! La belle vie ! Seulement, le compagnon des mauvais jours fait chanter sa complice...

« Peut-être même fait-il chanter [1] de même Sir Howard ?... C'est probable. Étudiez les méthodes de ces gentlemen américains...

« Dorothy voudrait en être quitte [2]. Elle voudrait être une grande dame pour de bon. Elle le signifie à son ancien amant.

« Au cours d'une discussion, celui-ci la tue, s'en débarrasse en jetant le corps dépecé dans les hautes herbes de la falaise.

« Howard ne voit pas revenir sa femme. Il se doute qu'un drame a eu lieu. Mais, il ne s'est déjà que trop compromis par cette mésalliance. Il se propose de regagner seul l'Angleterre...

« Notre annonce, à Calais, lui tombe sous les yeux. Il craint que la bague serve à identifier sa femme. Il appréhende [3] le scandale..

« Il n'ose pas venir lui-même et il s'adresse à une girl quelconque qu'il rencontre au bateau.

« Voulez-vous me faire le plaisir d'ouvrir la fenêtre et de donner un coup de sifflet ?... Seulement, attention ! L'homme en vous voyant revenir, au lieu de suivre la piste Howard, doit se douter que vous avez deviné... »

J'ouvris la fenêtre. Je sifflai. Je vis deux formes bondir derrière le personnage en culotte de golf et je compris que c'étaient des agents de G. 7.

Mais en même temps, un coup de feu retentissait. Une balle sifflait à mon oreille. Tellement à mon oreille, qu'elle en emporta une parcelle [4] !

Une heure plus tard, après un passage à tabac auquel, je l'avoue, je pris, tout en étreignant mon oreille saignante, un

---

1. **Faire chanter quelqu'un** : exiger de quelqu'un de l'argent en le menaçant de révéler une chose qui ferait scandale.
2. **Être quitte** : être débarrassé.
3. **Appréhender** : craindre.
4. **Parcelle** (f.) : petite partie.

plaisir extrême, l'homme avouait enfin.

Mais la justice française, qui n'avait qu'un crime à lui reprocher, s'en dessaisit [1] au profit de la justice américaine, qui doit être occupée, à l'heure qu'il est, à lui demander compte d'une douzaine d'assassinats, pour le moins.

---

1. **Se dessaisir** : confier, céder.

Dénouement

Répondez aux questions suivantes en cochant la bonne réponse:

1. Qui est la jeune femme assassinée?
   - a. ☐ Mme Howard
   - b. ☐ une ancienne maîtresse de Sir Howard
   - c. ☐ une personne qui n'a rien à voir avec les Howard

2. Qui est l'assassin?
   - a. ☐ Sir Howard
   - b. ☐ l'homme mystérieux qui traîne autour de l'hôtel
   - c. ☐ l'amant de Betty Tomson.

3. Quel est le mobile du crime?
   - a. ☐ un héritage
   - b. ☐ le fait que la femme refuse d'accorder le divorce à son mari
   - c. ☐ le désir de la femme de quitter son ancien amant

4. Pourquoi Betty Tomson ose-t-elle réclamer la bague?
   - a. ☐ parce qu'elle lui appartient
   - b. ☐ parce qu'elle ignore que l'objet appartenait à une femme assassinée. C'est Sir Howard qui l'envoie chercher le bijou
   - c. ☐ parce qu'elle espère retrouver sa sœur qui a disparu depuis quelques jours

5. Est-ce que le coupable est emprisonné en France?
   - a. ☐ non, il est confié à la justice américaine
   - b. ☐ oui
   - c. ☐ non, il s'enfuit aux États-Unis

Table des matières

Introduction	3
G. 7	5
Activités	13
Le naufrage du *Catherine*	18
Activités	27
L'esprit déménageur	34
Activités	42
L'homme tatoué	48
Activités	57
Le corps disparu	64
Activités	72
Hans Peter	78
Activités	86
Le chien jaune	93
Activités	101
L'incendie du Parc Monceau	107
Activités	116
Le mas Costefigues	125
Activités	134
Le château des disparus	142
Activités	150
Le secret du fort Bayard	157
Activités	165
Le drame de Dunkerque	172
Activités	181
L'inconnue d'Étretat	188
Activités	196